标准中文(修订版)

STANDARD CHINESE (Revised Edition)

第四册
BOOK FOUR

课程教材研究所　编著

学　校
School ＿＿＿＿＿＿＿＿

姓　名
Name ＿＿＿＿＿＿＿＿

人民教育出版社
People's Education Press

图书在版编目(CIP)数据

标准中文. 第 4 册/课程教材研究所编著. —修订
本. —北京：人民教育出版社,2011. 8
ISBN 978－7－107－21516－2

Ⅰ. 标　Ⅱ. 课　Ⅲ. 汉语—对外汉语教学—教材
Ⅳ. H195. 4

中国版本图书馆 CIP 数据核字(2011)第 156225 号

标准中文(修订版)
STANDARD CHINESE(Revised Edition)
第四册
BOOK FOUR
课程教材研究所　编著

*

人民教育出版社出版发行
网址:http://www. pep. com. cn
Fax No・861058758877
Tel No・861058758866
人民教育出版社印刷厂印装

*

开本：890 毫米×1 240 毫米　1/16　印张：13. 5
2012 年 1 月第 1 版　2016 年 7 月第 2 次印刷
定价：65. 00 元

联系地址：北京市海淀区中关村南大街 17 号院 1 号楼　邮编：100081
电话：010－58759215　电子邮箱：yzzlfk@ pep. com. cn

Printed in the People's Republic of China

第一版编委会

顾　　　问	李海绩	姜明宝	程　棠
	吴叔平	程相文	
编委会主任	马樟根		
副　主　任	魏国栋	吕　达	

本　册　主　编	崔峦
副　主　编	蒯福棣

编写人员	王贺玲	宁德琮	蔡玉琴
	莘乃珍	王　玮	崔峦

责任编辑	王贺玲
美术编辑	王　玮
设计制作	杨荟铼工作室

修订版编委会

编委会主任	李志军	徐　岩
副　主　任	吕　达	郑旺全

本　册　主　编	崔峦	王本华
副　主　编	王世友	赵晓非

编写人员	施　歌	狄国伟	田　睿
	常志丹	赵晓非	王世友

责任编辑	王世友
英文审稿	Sarah Miller
审　　稿	赵晓非　吕　达

设计制作	杨荟铼工作室

说　　明

　　《标准中文》系列教材自1998年与广大学习者见面后，广大教师和学习者对它倾注了厚爱，既充分肯定了这套教材的优点，同时也真诚地提出了宝贵的意见和合理的建议。为了使这套教材更臻完善，更适合广大学习者的需要，我们启动了《标准中文》系列教材的修订工作。

　　一、《标准中文》（修订版）包括课本9册、教师用书9册、练习册12册（分A、B本，与1—6册课本配套）、《中文读本》3册（与7—9册课本配套）。每册课本均配有CD—ROM。

　　二、《标准中文》（修订版）除以中国赴海外留学人员子女、华裔子女为主要对象外，同时也照顾到对中文感兴趣的外国学生的学习需要，面向更广大的学习群体。

　　三、修订后的教材由原来的每册30课变为每册24课。我们修改了已经过时的课文，增加了适合实际需要和时代发展的新内容，增加了"小博士""魔术箱""词语翻译"等板块，丰富了练习的形式，增加了听说训练、趣味性活动和游戏；加强了汉字教学，适当安排了字理识字、写字等内容，同时重视英语的辅助功能。

　　四、全套教材要达到的学习目标是：学会汉语拼音，掌握1 800个左右的常用汉字，4 000个左右的常用词，200个左右的基本句；具备初步的听、说、读、写能力，能读相当程度的文章，能写300字左右的短文、书信；具备一定的自学能力，能在使用汉语言文字的地区用中文处理日常事务，最终达到中级汉语水平。

五、本册课本是《标准中文》（修订版）第四册。要求学习者学会213个汉字，275个词语，18个基本句，能用普通话熟读每课的内容，并在日常生活中仿照使用。

六、本册课本共有6个单元，每单元4课，一共24课。每单元前3课是会话课文，包括"会话""基本句""生字""词语""魔术箱""练习"等内容；第4课是叙述短文，重在复习本单元内容，同时引发学习者的兴趣。"会话"围绕主人公在不同场景中的活动编写，包括学校生活、家庭生活、同学交往、认识自然等。本册生字注汉语拼音。书后附有生字表、词语表、基本句。

总之，《标准中文》（修订版）内容上更加丰富、实用，形式上更加灵活、有趣。努力增强教材的科学性，始终关注学习者的主体性，使教材富于趣味性，是我们不懈的追求。

课程教材研究所

对外汉语课程教材研究开发中心

2010年12月

Foreword

Since *Standard Chinese* first came out in 1998, the series has received praise from teachers and Chinese language students alike, as well as valuable opinions and suggestions for improvement. Based on this important feedback, a revision of *Standard Chinese* was undertaken, to develop a series that would prove even more satisfactory.

The result, *Standard Chinese (Revised Edition)*, includes nine textbooks, nine teacher's books, twelve workbooks (a Workbook A and a Workbook B for each of the first six textbooks), three Chinese readers (one for each of the last three textbooks) and a CD-ROM for each textbook.

Standard Chinese (Revised Edition) has broadened its scope to include foreign children interested in learning Chinese, in addition to the original audience of children of Chinese students studying abroad and children of foreigners of Chinese origin.

The revisions, while not changing the basic function of the book, have made some key changes to improve its effectiveness. The number of lessons has been reduced from 30 to 24 in each book. Outdated texts have been removed and replaced with new ones more suited to the needs of today's students and current developments. The addition of numerous small features, such as "The Little Doctor", "The Magic Box" and "Words", as well as a great variety of listening and speaking exercises and games, will, we hope, add to the excitement of learning Chinese. The revised series places an even greater emphasis on the teaching of Chinese characters, gradually introducing the recognition and writing of characters. Throughout the books, English is used as an aid to learning Chinese.

By the end of this series, students are expected to have a good mastery of Chinese Pinyin, about 1,800 commonly-used Chinese characters, about 4,000 commonly-used words and about 200 basic sentences. In addition, students should have a good control of elementary listening, speaking, reading and writing skills, including the ability to read articles and write short passages or letters of about 300 characters. Throughout the book, students are encouraged to study independently and to practice using Chinese in daily life.

This fourth book of *Standard Chinese (Revised Edition)* presents students with a basic knowledge of 213 Chinese characters, 275 words and expressions and 18 basic sentences. Students are expected to be able to recite all the texts smoothly in Mandarin and to be able to use them in everyday life.

Each of this volume's six units has four lessons, for a total of 24 lessons. The first three lessons in each unit are based on dialogues which follow our main characters' activities in different situations, such as school life, family life, friendships with fellow students and out in nature. Each of these three lessons includes the following sections: "Dialogue", "Basic Sentences", "Characters", "Words", "Magic Box" and "Exercise". The fourth lesson is a short story. New characters are transcribed into Pinyin. The end of the book includes a new character list, a list of words and expressions, and a list of basic sentences.

We hope that the content and form of this revised edition of *Standard Chinese* is not only more practical but also more exciting for both teachers and students. As always, we welcome further comments and suggestions for future improvement.

Center for Chinese as a Foreign Language
Curriculum and Teaching Materials Research Institute
December, 2010

目 录
CONTENTS

 **1** 冰淇(qí)淋(lín)聚(jù)会

老　师：你好，玛(mǎ)丽！欢迎(yíng)来到我们学校！
　　　　你原来在哪个学校上学？

玛　丽：我原来在阳光小学上学。

老　师：今天谁和你一起来的？

玛　丽：我们全家都来了。这是我爸爸，这是我妈妈，
　　　　这是我妹妹。

爸　爸：您好！您是……

老　师：我姓(xìng)白，你们可以叫我白老师。我教他
　　　　们中文和艺术。

妈　妈：白老师，您好！

老　师：我们的校园很漂亮，一会儿我带你们参观(guān)
　　　　一下图(tú)书馆(guǎn)和体育馆。

爸　爸：好的，麻烦您了！

妹　妹：爸爸，我可以吃冰淇淋了吗？

Should I eat the ice cream?

老　师：当然可以。来，大家每人拿(ná)一个。我们的
　　　　冰淇淋聚会开始(shǐ)了！

妹　妹：姐(jiě)姐，你的新学校太好了！

老　师：玛丽，你在这里会认识很多新朋友的。这是大
　　　　卫，这是小云，这是……

我可以吃冰淇淋了吗？

| 聚 | 迎 | 姓 | 观 | 图 | 馆 | 拿 | 始 | 姐 |

冰淇淋	bīngqílín	ice cream
聚会	jùhuì	party
小学	xiǎoxué	elementary school
姓	xìng	surname; family name
校园	xiàoyuán	campus
参观	cānguān	visit
图书馆	túshūguǎn	library
体育馆	tǐyùguǎn	gym
拿	ná	take; hold
姐姐	jiějie	elder sister
太	tài	very; too

练 习
Exercise

一、 他们说的对不对？
Is what they say right?

"拿"是左右结构。

"聚"一共有十五画。

"图"的第一笔是"（丿）"。

"观"和"馆"读音一样。

二、 找一找，说一说。
Find and say.

4

三、 组一组，读一读。
   Make phrases and then read them.

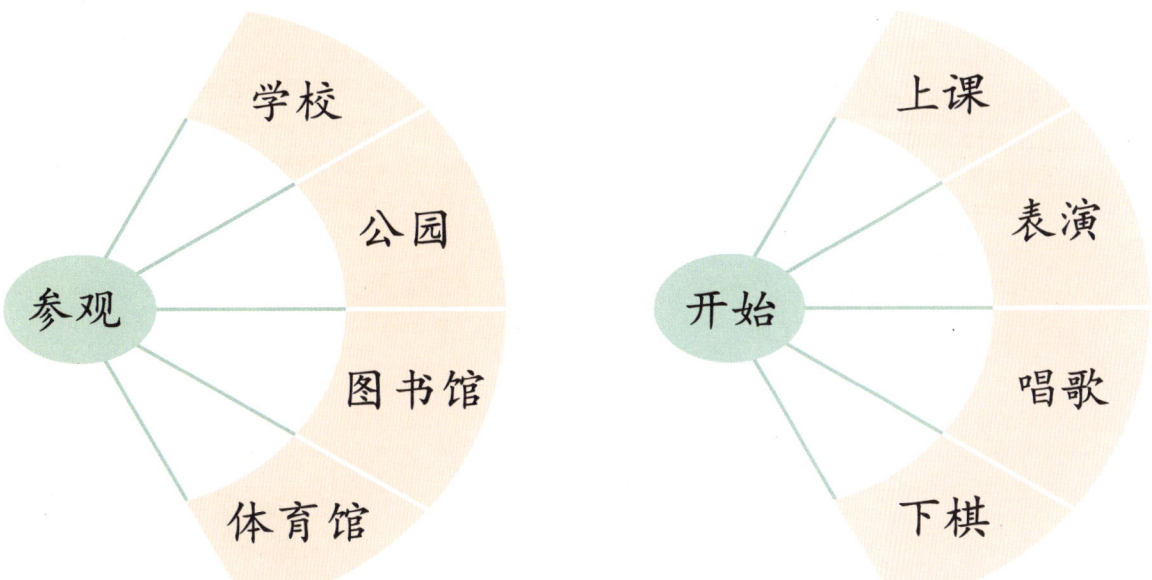

四、 看图，完成句子。
   Look at the pictures and complete the sentences.

1.

2.

3.

4.

五、听一听，想一想，哪张图是对的？
Listen to the sentences and choose the correct pictures.

1. 谁带玛丽参观了体育馆？　（　　　）

A B C

2. 你听到的是哪张图？　（　　　）

A B C

3. 冰淇淋聚会几点开始？　（　　　）

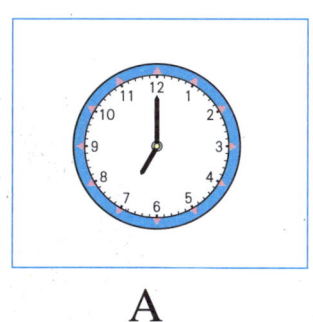 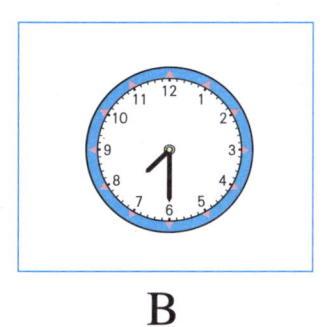 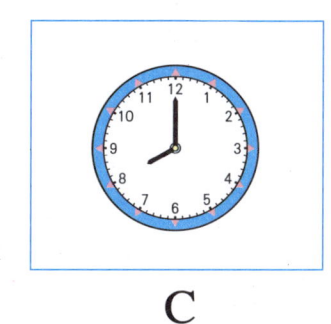

A B C

六、小活动：你们学校开学的时候有冰淇淋聚会吗？要是有，用你自己的话说一说。要是没有，请你和同学们分角色表演课文。

Activity: Does your school have an ice cream party at the beginning of the new term? If it does, please describe it in your own words. If it doesn't, please perform the text with your classmates.

七、读一读，画一画玛丽的新学校。
Read aloud and draw Mary's new school.

　　玛丽的新学校很漂亮。西边是图书馆，东边是操场和体育馆，教室在图书馆旁边。图书馆前面有一大片绿色的草地，四年级的同学经常在那儿踢足球。

八、读一读。
Read aloud.

　　昨天上午，我和爸爸妈妈一起去参观姐姐的新学校。她的中文老师姓白。她们的校园很漂亮，有很多树和花。图书馆、操场、体育馆都很大。姐姐认识了很多新朋友，她很高兴。我最高兴的是，可以吃到各种各样的冰淇淋。白老师说，下学期开学的时候，还有冰淇淋聚会，我一定还去参加。

九、写一写。
Write the characters.

观	フ	ヌ	刃	邓	观	观				
迎	㇒	㇉	卬	卬	迎	迎	迎			
图	丨	冂	门	囝	图	图	图	图		
姐	㇑	夂	女	女	姐	姐	姐	姐		
姓	㇑	夂	女	女	妕	姓	姓	姓		
始	㇑	夂	女	如	始	始	始	始		
拿	㇒	八	合	合	合	合	拿	拿	拿	拿
馆	㇒	𠂤	饣	饣	饣	馆	馆	馆	馆	馆
聚	一	T	耳	耳	耳	耳	聚	聚	聚	聚
	聚	聚	聚							

 我想选(xuǎn)艺术课

玛　丽：小云，你最喜欢上什么课？

小　云：我最喜欢上科学课。

玛　丽：我说的不是必修(bìxiū)课，是选修课。这学期
　　　　有那么多门选修课，你想选什么课？

小　云：我想选艺术课，还想选手工课。玛丽，你呢？

玛　丽：我想选演讲课，还想选中文课，不过写汉字
　　　　有点儿难(nán)。

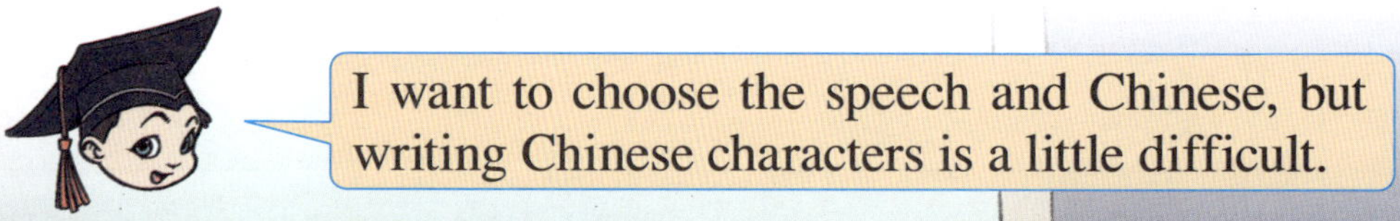

I want to choose the speech and Chinese, but writing Chinese characters is a little difficult.

小　云：别担(dān)心，我帮(bāng)你。大卫，你想选什
　　　　么课？

大　卫：我还没想好呢。汤姆，你选什么？

汤　姆：你们会游泳(yǒng)吗？我想选游泳课。

大　卫：这个主(zhǔ)意不错。游泳可以锻炼身体，选
　　　　游泳课还不用交(jiāo)作业。我也选游泳课吧！

汤　姆：丹尼，你呢？

丹　尼：我跟你们都不一样，我要选电脑课。

我想选演讲课，还想选中文课，不过写汉字有点儿难。

| 选 | 必 | 修 | 难 | 担 | 帮 | 泳 | 主 | 交 |

选	xuǎn	select
必修课	bìxiūkè	compulsory subject
选修课	xuǎnxiūkè	optional subject
门	mén	(a measure word)
演讲	yǎnjiǎng	lecture
不过	búguò	but
难	nán	difficult
担心	dānxīn	worry
帮	bāng	help
游泳	yóuyǒng	swim
主意	zhǔyi	idea
交	jiāo	hand in

练 习
Exercise

一、照样子，涂一涂。
Mark the characters with the same pronunciation according to the example.

<table>
<tr><td>修</td><td>南</td><td>兴</td><td>聚</td></tr>
<tr><td>难</td><td>丹</td><td>休</td><td>教</td></tr>
<tr><td>担</td><td>姓</td><td>交</td><td>句</td></tr>
</table>

二、选词填空。
Fill in the blanks with the proper words.

 难　　 担心　　 主意　　 必修课

1. 数学和英语是（　　　）。

2. 这么晚了，姐姐还没回家，妈妈有点儿（　　　）。

3. 对奶奶来说，学会用电脑是件很（　　　）的事。

4. 我真不知道怎么对他说，你快帮我出个（　　　）。

三、排一排，读一读。
    Arrange and read aloud.

1. A 有　　　　B 选修课　　　　C 这学期　　　　D 门　　　　E 很多

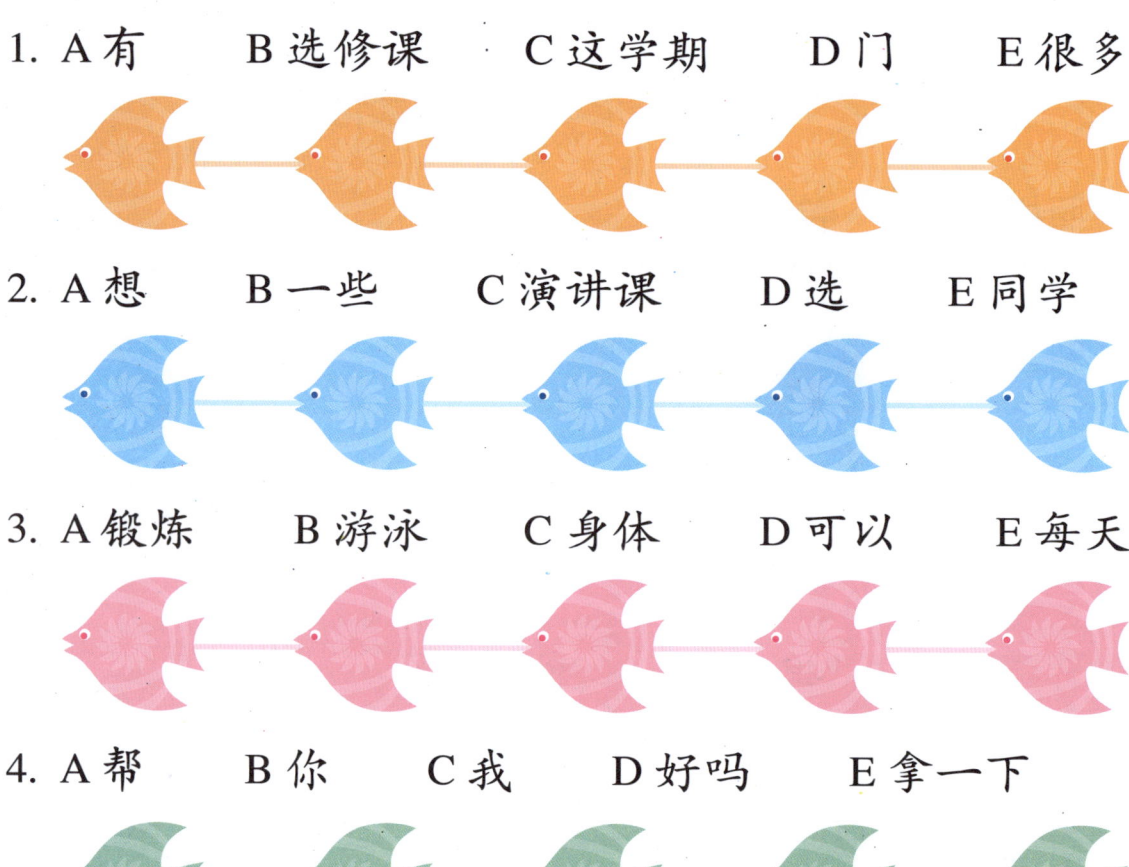

2. A 想　　　　B 一些　　　　C 演讲课　　　　D 选　　　　E 同学

3. A 锻炼　　　　B 游泳　　　　C 身体　　　　D 可以　　　　E 每天

4. A 帮　　　　B 你　　　　C 我　　　　D 好吗　　　　E 拿一下

四、看图读句子。
    Look at the pictures and read the sentences.

1. 我想选中文课，不过写汉字有点儿难。

2. 姐姐比我大两岁，不过
   她还没有我高。

3. 放学后我想去书店，不过
今天天气不太好。

4. 爸爸说可以吃冰淇淋，不过
每天只能吃一个。

五、根据课文判断对错。
Judge true or false according to the text.

1. 科学课是必修课，不是选修课。（　　）

2. 小云想选艺术课和中文课。（　　）

3. 汤姆和丹尼都选了游泳课。（　　）

4. 丹尼不想选游泳课，他想选电脑课。（　　）

六、根据实际情况回答问题。
Answer the questions according to your actual situation.

1. 这学期你们班有几门课？

2. 必修课有哪几门？选修课有哪几门？

3. 你最喜欢上什么课？为什么？

4. 你希望(xīwàng, wish)学校再开一些什么选修课？为什么？

七、读儿歌。
Read the nursery rhyme.

上课了

小皮球，皮球小，

拍它几下跳几跳。

上课了，快快跑，

皮球放在口袋(kǒudài，bag) 里，

请它美美睡一觉。

（作者艳星）

八、读一读。
Read aloud.

　　这学期我们开了很多门选修课，有的和阳光小学的一样，有的不一样。朋友们的爱好也不太一样。小云想选艺术课和手工课。汤姆和大卫想选游泳课。丹尼想选电脑课。我想选演讲课，还想选中文课。写汉字有点儿难，不过小云说她会帮我的，不用担心。

九、写一写。
Write the characters.

主	、	二	三	主	主				
必	丶	心	心	必	必				
交	、	二	六	六	亠	交			
担	一	寸	才	扌	扣	扣	担	担	
泳	、	冫	氵	汀	汀	泳	泳		
帮	一	二	三	丰	邦	邦	帮	帮	
修	ノ	亻	忄	亻	佟	修	修	修	
选	丿	亠	屮	生	生	先	先	选	选
难	乛	又	邓	对	邓	邓	艰	难	难

3　做贴(tiē)画

小　云：海伦，给你看一幅贴画。

海　伦：啊！这两条小鱼像真的一样，真好看。是
　　　　买的吗？

The two fish are so lively and beautiful.

小　云：不是，是我在手工课上做的。

海　伦：你自己做的？怎么做的？

小 云： 我教你。先(xiān)在纸(zhǐ)上画好图形(xíng)，

再选一些树叶，照图形剪(jiǎn)好、贴上，

干[gān]了以后压(yā)平(píng)就可以了。

海 伦： 听起来不太难。贴画只能用树叶做吗？

小 云： 不，用花布(bù)也能做。

海 伦： 我回家也做一幅，做好了给你看。

小 云： 好啊，我们比一比谁的漂亮。

海 伦： 你做这幅贴画用了多长时间(jiān)？

小 云： 做贴画用不了多长时间，不过我找树叶找

了一天呢！

海 伦： 那我就用花布做吧！

这两条小鱼像真的一样，真好看。

| 贴 | 先 | 纸 | 形 | 剪 | 压 | 平 | 布 | 间 |

贴画	tiēhuà	collage		剪	jiǎn	cut
先	xiān	firstly		贴	tiē	paste
纸	zhǐ	paper		干	gān	dry
图形	túxíng	graph；figure		压	yā	press
一些	yìxiē	some		平	píng	flat
照	zhào	according to		花布	huābù	cotton print

练习
Exercise

一、比一比，读一读。
Compare and read aloud.

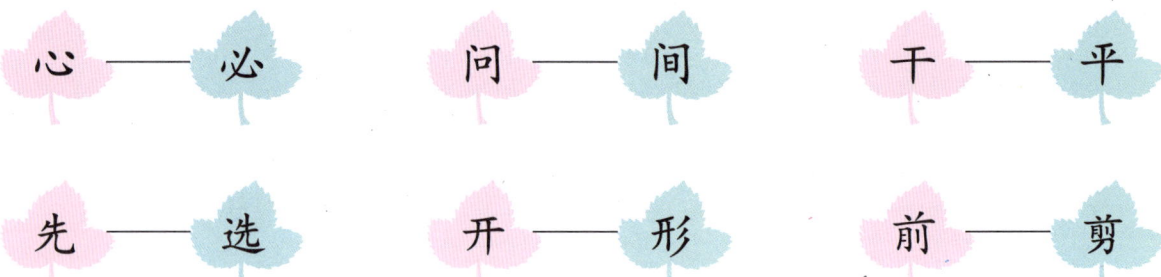

心 —— 必　　问 —— 间　　干 —— 平

先 —— 选　　开 —— 形　　前 —— 剪

二、读一读，记一记。
Read aloud and memorize.

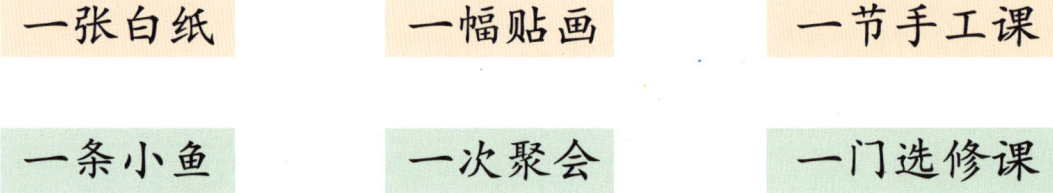

一张白纸　　一幅贴画　　一节手工课

一条小鱼　　一次聚会　　一门选修课

三、填一填，读一读。
Fill in the blanks and read aloud.

先在_____(zhǐ)上画好_____(túxíng)，再选一些_____(shūyè)，照图形_____(jiǎn)好、_____(tiē)上，干了以后_____(yāpíng)就可以了。

四、读句子，说句子。
Complete the sentences and read aloud.

1. 妹妹的脸像红苹果一样。

2. 早上的太阳像_____一样。

3. 天上的白云像_____一样。

4. 我长大了，一定可以像_____。

五、听一听，选择正确答案。
Listen and choose the correct answers.

1. 大卫为什么不喜欢做贴画？　（　　）

　　A. 没时间　　　B. 没意思　　　C. 太难了

2. 小云和谁一起吃饭？　（　　）

　　A. 爸爸　　　B. 妈妈　　　C. 爸爸妈妈

3. 那个男的想买什么？　（　　）

　　A. 一些纸　　　B. 一些书　　　C. 一些贴画

六、小活动：自制小钟表。
Activity: Make your own clock.

七、读一读，画一画。
Read and draw the more pictures with triangle.

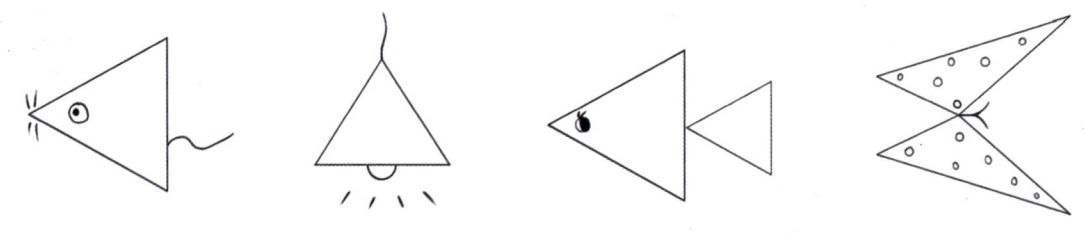

 你还能用三角形画什么？

两个三角娃娃，

长着两根头发，

飞来飞去找妈妈。

一大一小在一起，

变条小鱼做游戏。

三角下面加半圆，

一盏小灯亮闪闪。

三角	sānjiǎo	triangle
根	gēn	(a measure word)
变	biàn	become
盏	zhǎn	(a measure word)
灯	dēng	lamp

八、读一读。
Read aloud.

　　今天小云给我看了一幅贴画，是用红色的树叶做的，非常漂亮。两条小金鱼像真的一样，好像可以在纸上游泳。小云是在手工课上跟老师学的，我想跟小云学做贴画。不过小云说，得先准备一些树叶才行。校园里有很多树。秋天来了，树叶都黄了。我想今天放学就去找树叶。

九、写一写。
Write the characters.

平	一	一	平	平	平					
布	一	十	本	右	布					
压	一	厂	厂	斤	压	压				
先	丿	一	牛	生	失	先				
形	一	二	于	开	形	形	形			
间	丶	丬	门	间	间	间	间			
纸	丿	纟	纟	纟	纟	纸	纸			
贴	丨	冂	贝	贝	则	贴	贴	贴		
剪	丶	丷	产	产	前	前	前	前	剪	剪

23

4 我们学校的午餐(cān)

　　我每天都在学校吃午餐。

　　我们十一点二十下课，我十一点半到餐厅(tīng)。先去拿牛奶(nǎi)，然后到第一张桌(zhuō)子前面排队拿主食(shí)，再到第二张桌子上拿水果和蔬菜(shūcài)。我喜欢吃牛肉、玉米和西瓜。

　　拿到午餐后，我和朋友们坐在一起边吃边聊(liáo)，吃完后就出去玩。要是想玩的时间长一些，我就得快一点儿吃，不过妈妈说这样对身体不好。

我们学校的午餐还可以，要是再多一些花样就更(gēng)好了。

餐	厅	奶	桌	食	蔬	菜	聊	更

午餐　　wǔcān　　lunch

餐厅　　cāntīng　　dining room

然后　　ránhòu　　then

桌子　　zhuōzi　　table

主食　　zhǔshí　　grain-based filler

蔬菜　　shūcài　　vegetable

聊　　　liáo　　chat

花样　　huāyàng　　variety

更　　　gèng　　even more

bǐsàbǐng
比萨饼
pizza

fānqiéjiāng
番茄酱
ketchup

guǒjiāng
果酱
jam

huángyóu
黄油
butter

练 习
Exercise

一、找出笔画数相同的字。

Find characters with the same numbers of strokes.

始	难	必	剪	拿
图	迎	姓	形	纸
布	桌	馆	平	菜

很　客

5画 _____

7画 _____

8画 _____

10画 _____

11画 _____

二、选字组词。

Make words with the characters.

桌	餐	奶	肉
厅	菜	子	天
蔬	午	牛	聊

餐厅 _____　　_____

_____　　_____

_____　　_____

三、读一读，说一说。
Read the phrases and say more.

交作业	参加聚会
帮朋友	准备午餐
出主意	参观校园
做贴画	开始演讲

四、选词填空。
Fill in the blanks with the proper words.

会　　可以

1. 大卫，你（　　）游泳吗？

2. 天天刷牙（　　）保护牙齿。

更　　比

3. 他们学校的餐厅（　　）我们学校的大。

4. 那家餐厅的花样（　　）多，我们去那家吧。

然后　　以后

5. 冰淇淋聚会太有意思了，（　　）我还要来参加。

6. 我先去拿牛奶，（　　）去拿水果和蔬菜，最后拿主食。

五、听一听，选择正确答案。
Listen and choose the correct answers.

1. 他们在（　　）。

A. 玛丽家　　　B. 餐厅　　　C. 图书馆

2. 丹尼吃的是（　　）。

A. 三明治　　　B. 面条　　　C. 米饭

3. 玛丽想喝（　　）。

A. 冰水　　　B. 牛奶　　　C. 果汁

六、小活动：自助午餐会。请分别选出你和爸爸、妈妈喜欢吃的，放在不同颜色的盘子里，然后说一说你们的口味有什么不同。

Activity: Pretend you're at a buffet lunch. Please choose what you and your parents like to eat most and put their numbers in the different dishes. Then describe the differences between what all of you like to eat.

七、读一读。
Read aloud.

饭前先洗手

肚子咕咕叫，

催我吃饭了。

有件重要事，

我可没忘掉。

放下手中书，

转身往外跑。

打开水龙头，

洗手记得牢。

（作者黄亦波）

洗	xǐ	wash
咕咕	gūgū	coo
催	cuī	urge
忘掉	wàngdiào	forget
转身	zhuǎnshēn	turn around
水龙头	shuǐlóngtóu	water tap
记得牢	jì de láo	keep firmly in mind

八、看图说话，尽量用上下面的词语。
Describe the pictures, using the words given below.

下课　餐厅　桌子　先　然后　排队　主食

蔬菜　水果　花样　喜欢　聊天　更

九、写一写。
　　Write the characters.

厅	一	厂	厅	厅							
奶	㇑	乡	女	奶	奶						
更	一	一	一	亩	百	更	更				
食	丿	人	仒	今	今	仒	仒	食	食		
桌	丨	㇏	广	占	占	点	卓	卓	桌		
菜	一	十	艹	艹	艹	艹	苹	苹	苹	菜	菜
聊	一	厂	丌	刵	刵	耳	耴	聊	聊	聊	聊
蔬	一	十	艹	艹	艼	艻	荒	蔬	蔬	蔬	蔬
	蔬	蔬	蔬	蔬							
餐	丶	一	万	歺	歺	歺	多	多	多	歺	餐
	餐	餐	餐	餐	餐						

31

 **拥抱**(yōngbào)**大自然**

大 卫：上星期，咱们学校的"拥抱大自然"活(huó)
　　　　动可真有意思！

小 云：是啊，可以学到很多在教室里学不到的东西。

大 卫：小云，你在第一组吧？

小 云：对，我在第一组，老师要我们寻找不同的
　　　　植(zhí)物。

The teacher asked us to find some different plants.

大 卫：有什么发现吗？

小　云：我们在草地上走了很长时间，我找到了很多
　　　　植物的种[zhǒng]子。你呢？

大　卫：我在第二组，老师要我们小组观察(chá)不同
　　　　的动物。

小　云：见到什么小动物了吗？

大　卫：我们在树林里听到好多小鸟在唱歌，看到几
　　　　只松鼠(sōngshǔ)在找吃的，好玩极了！

小　云：你们还看到什么动物了？

大　卫：我们还看到一只野(yě)兔。不过，它跑得特
　　　　别快。我们还没来得及(jí)向它问好，它就跳
　　　　走了。

小　云：真希(xī)望下个月还有这样的活动。

老师要我们寻找不同的植物。

| 拥 | 抱 | 活 | 植 | 察 | 松 | 鼠 | 野 | 及 | 希 |

拥抱	yōngbào	hug; embrace
上	shàng	last
活动	huódòng	activity
植物	zhíwù	plant
观察	guānchá	observe
种子	zhǒngzi	seed
树林	shùlín	forest
野兔	yětù	hare
来得及	láidejí	have time; be in time
希望	xīwàng	hope

练 习
Exercise

一、选一选，填一填。
Choose and fill in the blanks.

（里 野）＿＿兔　　（话 活）＿＿动　　拥＿＿（包 抱）

（直 植）＿＿物　　（布 希）＿＿望　　来得＿＿（极 及）

二、照样子，给汉字分类。
Classify the characters according to the examples.

拥　完　注　室　松　抱　察　活　校　找　瀑　植

扌：拥＿＿＿＿＿＿＿＿＿＿　　氵：活＿＿＿＿＿＿＿＿＿＿

宀：察＿＿＿＿＿＿＿＿＿＿　　木：植＿＿＿＿＿＿＿＿＿＿

三、读一读，记一记。
Read aloud and memorize.

拥抱自然	想念朋友	表演节目
观察天气	发现松鼠	锻炼身体
寻找种子	爱护动物	参加活动

四、读句子，写句子。
　　Read the sentences and write new ones.

　　1. 白老师要大卫说中文。

　　　爸爸要我晚上十点以前睡觉。

　　　大家要海伦_____。

　　2. 小云请妈妈买些水果。

　　　大卫请我和他们一起做游戏。

　　　弟弟请爷爷_____。

五、听一听，选一选。
　　Listen and choose.

　　1. 大卫上星期参加了什么活动？　（　　　）

A

B

C

　　2. 小云在草地上找了些什么？　（　　　）

A

B

C

3. 大卫在树林里看到了哪些动物？ （　　　）

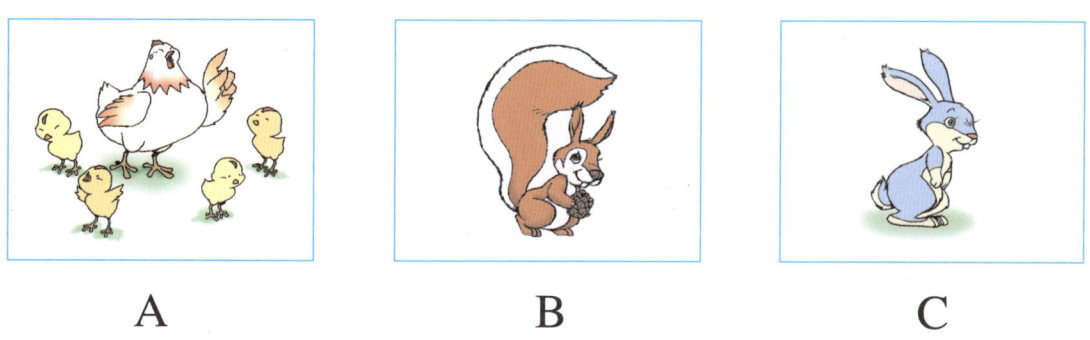

A　　　　　　　　B　　　　　　　　C

六、小活动：猜猜我表演的是什么动物。
Activity: Guess what animal I am playing.

松鼠　　野兔　　斑马　　鱼

公鸡　　孔雀　　鸭子　　猫

山羊　　熊　　长颈鹿

七、读儿歌。
Read the nursery rhyme.

野　外

树林里有鸟，

鸟会飞。

怎么飞？

展翅(zhǎnchì, spread the wings)飞去又飞回。

河里有鱼，

鱼会游。

怎么游？

摇(yáo, wave)摇尾巴

转(zhuǎn, turn)个头。

草里有虫，

虫会跳。

怎么跳？

抬(tái, raise)起脚来弯弯腰。

八、读短文，然后讲给同伴听。
Read aloud and then retell it to your partner.

上星期，我们学校组织了一次"拥抱大自然"的活动。参加这次活动的共(gòng, in all)有四十多个同学。同学们分为两组：一组寻找不同的植物；另一组观察不同的

动物。我们在草地上发现了很多植物的种子，在树林里看到了一些可爱的小动物，有松鼠、野兔……大家学到了很多在教室里学不到的东西。真希望学校以后还会有这样的活动。

九、写一写。
Write the characters.

及	丿	乃	及							
希	丿	乂	兰	产	产	希	希			
拥	一	十	才	扌	扣	捐	捐	拥		
抱	一	十	才	扌	扚	扚	抱			
松	一	十	才	木	木	松	松			
活	丶	丶	氵	汀	汢	汪	活	活		
野	丶	口	日	日	甲	甲	里	野	野	野
植	一	十	才	木	杧	杧	杧	柿	梢	楢	植
鼠	丶	丶	臼	臼	白	臼	自	自	臼	鼠
	鼠									
察	丶	八	宀	宀	穷	穷	穷	察	察	察
	察	察								

6 野餐

老　师：同学们，牛肉烤(kǎo)好了。现在可以吃了。

大　卫：太好了，野餐开始了！我去拿勺(sháo)子和叉(chā)子。

汤　姆：老师，用我买的鱼做鱼汤(tāng)，好吗？

老　师：好，你们先吃，我来做。

汤　姆：小云，我带了汉堡(bǎo)和果汁(zhī)。你呢？

小　云：我带的是包子，这是中国的食物。你们尝(cháng)尝我妈妈做的包子。

Please taste the steamed stuffed bun my mom made.

汤　姆：啊，我是第一次吃包子。真好吃。谢谢。

大　卫：我带的是三明治和沙拉(lā)。我妈妈做的沙
　　　　拉也很不错。大家尝尝吧！

小　云：老师，您也来吃吧。

老　师：好的。鱼汤做好了，大家吃吧！

大　卫：老师烤的牛肉真香(xiāng)，比我妈妈做得还好。

小　云：鱼汤也很好喝，鲜(xiān)极了！

你们尝尝我妈妈做的包子。

烤	勺	叉	汤	汁	尝	香	鲜

野餐	yěcān	picnic
烤	kǎo	roast
现在	xiànzài	now
勺子	sháozi	spoon
叉子	chāzi	fork
汤	tāng	soup
包子	bāozi	steamed stuffed bun
食物	shíwù	food
尝	cháng	taste
香	xiāng	delicious
鲜	xiān	fresh

hàn bǎo
汉堡
hamburger

rè gǒu
热狗
hot dog

shā lā
沙拉
salad

练 习
Exercise

一、听一听，选一选。
Listen and choose.

二、照例子，将下面的字分为两类。
Classify the following characters according to the examples.

烤　　汤　　汁　　食　　尝　　香　　鲜

烤 ＿＿＿＿＿＿＿＿

食 ＿＿＿＿＿＿＿＿

三、选词填空。
Fill in the blanks with the proper words.

 野餐　 食物　 包子　 勺子　 叉子

1. 上个星期天，我们去小河边_____了。

2. _____是中国的一种传统_____。

3. 大卫和小云用_____吃烤牛肉，大家都用_____

   喝鱼汤。

四、排一排，读一读。
Arrange and read aloud.

1. A 你　B 吗　C 能　D 他　E 帮帮

2. A 你们　B 做　C 我妈妈　D 食物　E 尝尝　F 的

3. A 我们　B 哪儿　C 你　D 旅游　E 说说　F 去

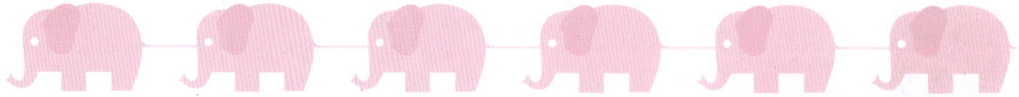

4. A 老师　B 休息休息　C 大家　D 要　E 在　F 这里

五、根据课文内容判断对错。
Judge true or false according to the text.

1. 大卫带了三明治和沙拉，小云带了汉堡和果汁。（　　）

2. 大卫的妈妈也会烤牛肉。（　　）

3. 汤姆没有参加野餐活动。（　　）

4. 野餐的时候，老师为大家烤牛肉，做鱼汤。（　　）

六、小活动：介绍自己吃过的中餐。
Activity: Describe the Chinese food you have tried.

七、读一读，背一背。
Read aloud and memorize.

山 行

[唐] 杜牧

远上寒山石径斜，
白云生处有人家。
停车坐爱枫林晚，
霜叶红于二月花。

八、读一读。
Read aloud.

　　　上个月，白老师和大卫、小云、汤姆去河边野餐。汤姆带了汉堡和果汁，大卫带了三明治和沙拉。小云的妈妈给她带了包子。包子是中国的食物，汤姆第一次吃。白老师为大家烤了牛肉，还用汤姆买的鱼做了鱼汤。牛肉很香，鱼汤也很鲜，大家带的食物都很好吃。

九、写一写。
Write the characters.

勺	ノ	勺	勺								
叉	㇅	叉	叉								
汁	丶	丷	氵	汁	汁						
汤	丶	丷	氵	汤	汤	汤					
尝	丨	丩	丱	尚	尚	尚	尝	尝	尝		
香	ノ	二	千	禾	禾	禾	香	香	香		
烤	丶	丷	火	火	火	灯	炸	炸	炸	烤	
鲜	ノ	ク	ク	乌	乌	鱼	鱼	鱼	鱼	鲜	鲜
	鲜	鲜	鲜								

46

7 做义(yì)工

汤　姆：大卫、小云，你俩(liǎ)星期六干什么了？

大　卫：我和小云去福利院(fúlìyuàn)做义工了。

汤　姆：做义工？太有意义了！在哪个福利院？

小　云：就是学校东边的儿童福利院啊。

汤　姆：你们都做什么了？

大　卫：我们帮助(zhù)小朋友们打扫(sǎo)房(fáng)间，给他们讲故事。

小　云：我们还跟他们一起唱歌、跳舞，一起做游戏。他们玩得非常开心。

They played very happily.

汤　姆：我也想去。那里还需(xū)要人吗？

小　云：需要啊。很多小朋友特别需要别人的关心。

汤　姆：那我跟谁联(lián)系呢？

大　卫：我给你写一下福利院的电话号码(mǎ)，你可以给福利院打电话。

小　云：他们会给你安排义工活动的。安排好了，我们可以一起去。

他们玩得非常开心。

义	俩	助	扫	房	需	联	码

义工	yìgōng	volunteer
俩	liǎ	two
福利院	fúlìyuàn	welfare house
意义	yìyì	meaning
帮助	bāngzhù	help
打扫	dǎsǎo	clean
房间	fángjiān	room
别人	biérén	others
关心	guānxīn	care for; take care of
联系	liánxì	contact
号码	hàomǎ	number
安排	ānpái	arrange

练 习
Exercise

一、听一听，选一选。
Listen and choose.

| 以 — 义 | 两 — 俩 | 联 — 炼 | 麻 — 码 |
| 希 — 需 | 作 — 助 | 扫 — 烤 | 房 — 烦 |

二、它们说的对不对？
Is what they say right?

1. 助，共七画，第五画是"一"。（　　）

2. 扫，共六画，最后一画是"丨"。（　　）

3. 房，共八画，先写"户"，后写"方"。（　　）

4. 码，共八画，第六画是"ㄱ"。（　　）

三、读一读，记一记。
Read aloud and memorize.

帮助——帮助别人　帮助儿童　帮助大人　帮助妹妹

打扫——打扫教室　打扫房间　打扫校园　打扫餐厅

关心——关心儿童　关心姐姐　关心同学　关心学习

安排——安排学习　安排工作　安排活动　安排课程

联系——联系学校　联系老师　联系妈妈　联系福利院

四、照例子，看图说话。
Look at the pictures and say sentences according to the example.

（玩　开心）

1. 大家玩得非常开心。

（做　香）

2. _____。

（跑　快）

3. _____。

（表演　精彩）

4. _____。

（说　不错）

5. _____。

（穿　漂亮）

6. _____。

五、根据课文内容回答问题。
Answer the questions according to the text.

1. 大卫和小云什么时候去做义工了？

2. 儿童福利院在哪里？

3. 大卫和小云在儿童福利院做了什么？

4. 怎么样才能去儿童福利院做义工？

六、小活动：联系福利院。
Activity: Contact the welfare house.

听了大卫和小云的话，汤姆放学后就打电话联系了福利院，说明了想做义工的事情。汤姆和福利院之间是怎样对话的？请你想一想，然后和同伴演一演。

Tom telephoned the welfare house at which David and Xiaoyun volunteered and told them that he would also like to be a volunteer. Imagine the conversation Tom had with the walfare house and then perform it with your partner.

七、读一读，猜一猜。
Read and guess.

两棵小树十个杈(chā, branch)，
不长叶子不开花。
会穿衣，会吃饭，
会洗脸(liǎn, face)，会刷牙，
天天干活(gànhuó, work)不说话。

八、小云要给好朋友南南写一封信，告诉他星期六做义工的事。如果你是小云，这封信该怎么写？结合课文，用自己的话写出来。

Xiaoyun is about to write to her good friend Nannan about her volunteer experience on Saturday. What do you think Xiaoyun would say? Please help her complete this letter.

南南：

　　你好！

　　上星期六，我和大卫去儿童福利院做义工了。

_____

_____

_____

_____

你最近过得怎么样？来信告诉我好吗？

　　祝你身体健康！

你的朋友：小云

5月6日

九、写一写。
Write the characters.

义	丶	乂	义							
扫	一	扌	扌	扫	扫	扫				
助	一	门	月	月	且	助	助			
房	丶	宀	冖	户	户	户	房	房		
码	一	厂	石	石	石	矿	码	码		
俩	丿	亻	亻	亻	俩	俩	俩	俩	俩	
联	一	厂	耳	耳	耳	耳	耳	联	联	联
需	一	厂	雨	雨	雷	雷	雷	雷	雷	需
	需	需								

8 包饺(jiǎo)子

　　昨天，白老师邀(yāo)请我和大卫、小云、汤姆去她家做客。白老师说："我们一起包饺子吧！"饺子很好吃，可是我们都没包过。白老师笑着说："你们看我怎么包，跟我学。"

开始包饺子了。白老师先拿起一块饺子皮(pí)，用筷(kuài)子夹(jiā)了一点儿肉馅(xiàn)儿，放在饺子皮里，再用手捏(niē)了捏，一个漂亮的饺子就做成了。我们也学了起来。大家看着自己包的饺子，什么样子都有，笑得眼泪(lèi)都出来了。

白老师把饺子煮(zhǔ)好了。我们吃着自己包的饺子，心里特别高兴。

| 饺 | 邀 | 皮 | 筷 | 夹 | 馅 | 捏 | 泪 | 煮 |

包	bāo	wrap
饺子	jiǎozi	dumpling
邀请	yāoqǐng	invite
做客	zuòkè	be a guest
皮	pí	wrapper
筷子	kuàizi	chopsticks
夹	jiā	clip
馅儿	xiānr	stuffing
捏	niē	pinch (with fingers)
样子	yàngzi	pattern
眼泪	yǎnlèi	tears
煮	zhǔ	boil

练 习
Exercise

一、照例子，写一写。
Write according to the example.

饺 馅＿＿＿＿＿　　　　邀＿＿＿＿＿＿　　　　筷＿＿＿＿＿＿

捏＿＿＿＿＿　　　　泪＿＿＿＿＿　　　　煮＿＿＿＿＿

二、数一数，把下面的字按笔画多少排列。
Count and arrange the characters according to the increasing number of strokes.

| 饺 | 邀 | 皮 | 筷 | 夹 | 馅 | 捏 | 泪 | 煮 |

这个字只有 5 画，排第一个。

皮＿＿＿＿＿＿＿＿＿＿＿＿＿＿＿＿＿＿＿＿＿

三、连一连，读一读。
Match and read aloud.

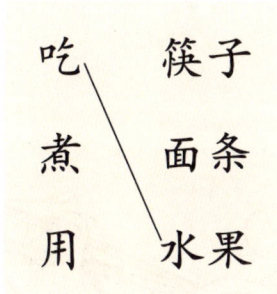

吃	筷子
煮	面条
用	水果

包	沙拉
烤	牛肉
做	饺子

讲	游戏
做	主意
出	故事

四、排一排，读一读。
Arrange and read aloud.

1. A 白老师　B 她家　C 我们　D 邀请　E 做客　F 去

2. A 我们　B 聊聊　C 吗　D 可以　E 一起

3. A 眼泪　B 大家　C 出来　D 笑　E 得　F 了　G 都

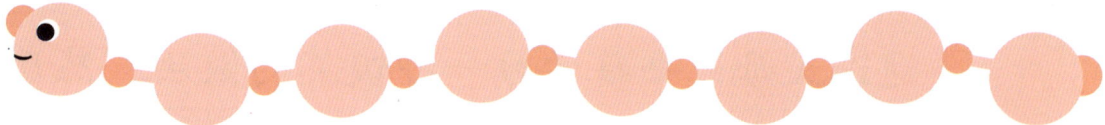

4. A 电影　B 还　C 开始　D 7点　E 来得及　F 时间

五、看图，结合课文说一说怎样包饺子。

Look at the pictures and describe how to wrap dumplings according to the text.

① ② ③ ④

六、小活动：学习做饭。

Activity: Learn to cook something.

通过父母或书籍学习一种饭菜的做法，然后用中文讲给同学或老师听。

Learn how to cook a dish you like from your parents or from a book, and then use Chinese to tell your classmates or teacher about it.

七、读一读，记一记。
Read and memorize.

wèi dào
味 道

yóu yán jiàng cù táng
油 盐 酱 醋 糖，

jiā jiā bù néng shǎo
家 家 不 能 少。

suān tián kǔ là xián
酸 甜 苦 辣 咸，

shēng huó dōu xū yào
生 活 都 需 要。

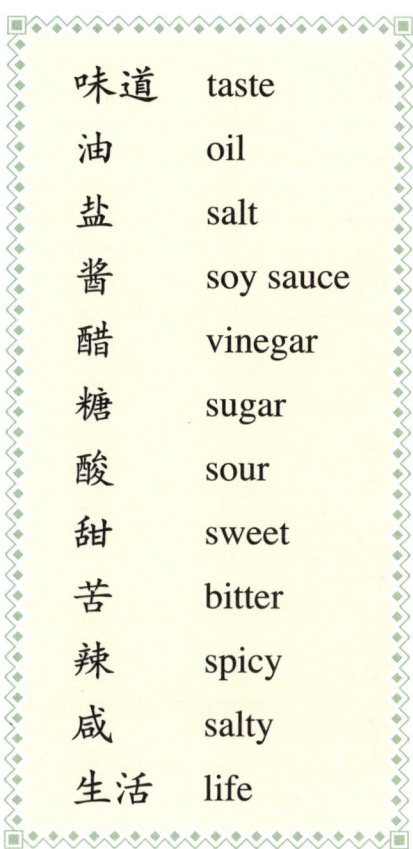

味道	taste
油	oil
盐	salt
酱	soy sauce
醋	vinegar
糖	sugar
酸	sour
甜	sweet
苦	bitter
辣	spicy
咸	salty
生活	life

八、读一读，学习加点的生词。
Read aloud and learn the dotted words.

　　白老师先包了一个饺子，然后我们开始自己包。我左手拿着饺子皮，右手用筷子夹着馅儿，小心(carefully)地往饺子皮里面放。放好馅儿，我把饺子皮往中间捏。可是，饺子皮一下子(immediately)破(pò, broken)了。白老师笑着说："馅儿放得太多了。"原来是这样。这一次，我的馅儿放得少了一些。终于，我包好了第一个饺子。哈哈，我学会包饺子了！

九、写一写。
Write the characters.

皮	⼀	广	广	皮	皮					
夹	⼀	⼆	⼆	夹	夹					
泪	丶	氵	氵	汩	汩	泪	泪			
饺	⺈	饣	饣	饺	饺	饺	饺	饺		
捏	⼀	扌	扌	捏	捏	捏	捏	捏	捏	
馅	⺈	饣	饣	饣	馅	馅	馅	馅	馅	馅
煮	⼀	十	土	耂	者	者	者	煮	煮	煮
筷	⼃	⺮	⺮	竺	竺	筷	筷	筷	筷	筷
	筷									
邀	⼃	⼃	白	白	白	白	臼	臽	臾	敫
	敫	敫	邀	邀						

中国的小吃

　　中国的很多地方都有不少味道独特的小吃。这些著名的小吃包括：西安的肉夹馍和凉皮；兰州的牛肉拉面；昆明的过桥米线；桂林的米粉；上海的南翔小笼包；天津的狗不理包子；新疆的烤羊肉串；山西的各种面食……就像到了北京要吃烤鸭一样，如果你到了中国的这些地方，可千万不要错过这些美食哟！

 **9** 在冰淇淋店里

大 卫：天气真热，我想吃冰淇淋。

海 伦：前面有一个冰淇淋店，我们一起去吧。

大 卫：啊，这么多种冰淇淋，我都不知道吃哪
一种了。

小 云：听说这儿有一种彩虹(cǎihóng)冰淇淋，有
好几种颜色，每种颜色是一种口味(wèi)。
我怎么没找到呢？

售货员：对不起，这种冰淇淋卖完了。

We're out of this kind of ice cream.

海　伦：没关系，这次先吃别的，下次再来吃彩
　　　　虹冰淇淋。小云，这种杏仁(xìngrén)的好
　　　　吃吗？

小　云：这种很好吃，里面有杏仁儿，吃起来又
　　　　香又甜(tián)。

海　伦：好，我就要杏仁冰淇淋吧。大卫，你要
　　　　哪一种？

大　卫：我最爱吃芒果(mángguǒ)的。不过这种绿
　　　　茶(chá)冰淇淋看上去也很好吃。

海　伦：你以前总(zǒng)是吃芒果的，这次换(huàn)
　　　　一种尝尝吧。

大　卫：那好吧，我要一个绿茶冰淇淋。

小　云：我想喝饮(yǐn)料，就要一杯(bēi)草莓(cǎoméi)
　　　　牛奶吧。

这种冰淇淋卖完了。

彩	虹	味	甜	茶	总	换	饮	杯

这么	zhème	so
好几	hǎojǐ	several
口味	kǒuwèi	taste
别	bié	other
下	xià	next
里面	lǐmiàn	inside
甜	tián	sweet
绿茶	lǜchá	green tea
总	zǒng	usually
换	huàn	change
饮料	yǐnliào	beverage
杯	bēi	cup

máng guǒ
芒 果
mango

bīng qí lín
冰淇淋
ice cream

qiǎo kè lì
巧克力
chocolate

xìng rén
杏 仁
almond

cǎo méi
草 莓
strawberry

xiāng cǎo
香 草
herb

练 习
Exercise

一、想一想，写一写。
Think and write.

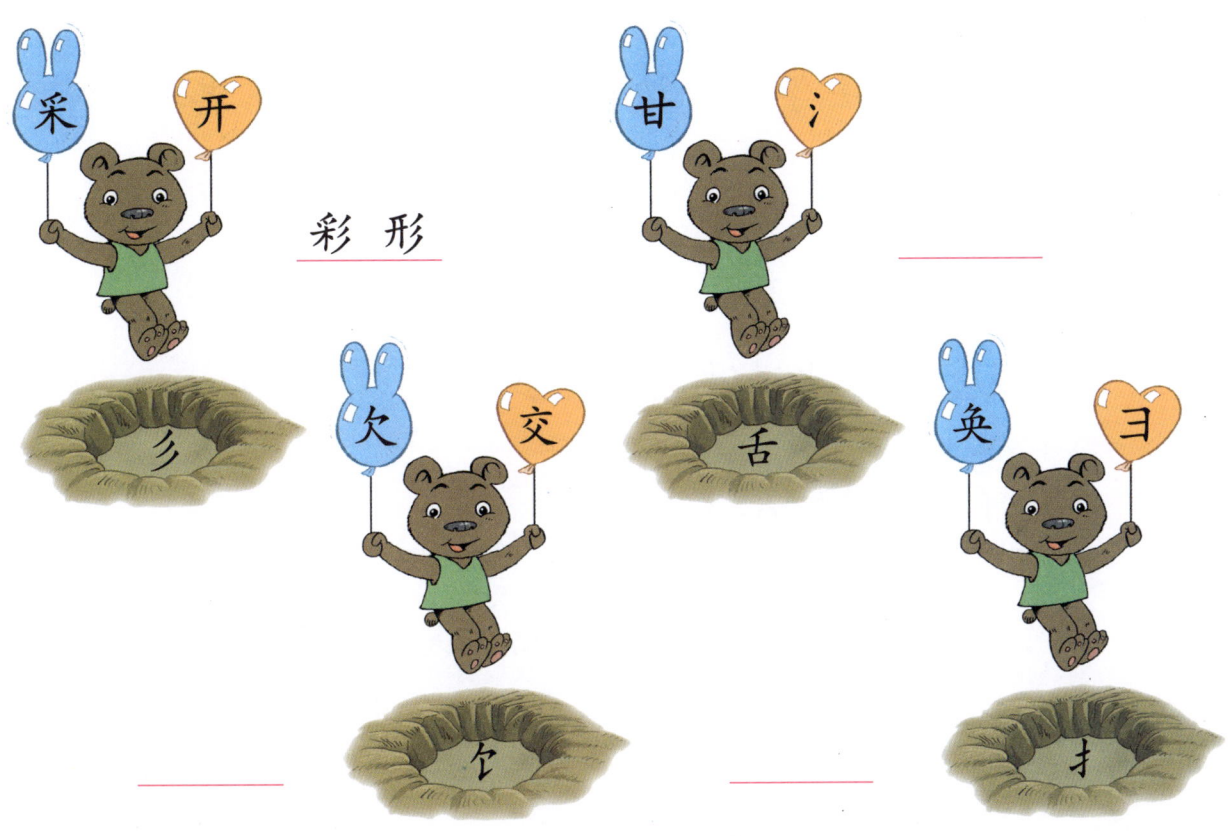

彩　形

二、找一找，涂一涂。
Find and paint.

虹	尝	相	位	先	茶
味	鲜	红	察	香	常

三、选词填空。
Fill in the blanks with the proper words.

口味　　好几　　总　　换　　这么　　杯

1. 你带了_____多吃的，能吃完吗？

2. 你最爱吃哪种_____的冰淇淋？

3. 他_____去学校旁边的冰淇淋店里买冰淇淋。

4. 今天天气太热了，我吃了_____个冰淇淋。

5. 这种冰淇淋卖完了，你_____一种吧。

6. 我不想吃冰淇淋，请给我一_____牛奶。

四、照例子，完成对话。
Complete the dialogues according to the example.

例：小云：海伦，你的贴画做完了吗？

　　海伦：我的贴画做完了。／ 我的贴画还没做完。

1. 海伦：爸爸，牛肉烤好了吗？

　　爸爸：_____。

2. 妈妈：小云，房间打扫完了吗？

　　小云：_____。

3. 大卫：海伦，你找到那种植物了吗？

海伦：＿＿＿＿＿＿＿＿＿＿＿。

4. 白老师：你们学会包饺子了吗？

同学们：＿＿＿＿＿＿＿＿＿＿＿。

五、听一听，选一选。
Listen and choose.

1. 小云想找哪种冰淇淋？　（　　　）

A　　　　　　　B　　　　　　　C

2. 大卫买了哪种冰淇淋？　（　　　）

A　　　　　　　B　　　　　　　C

3. 小云在冰淇淋店里买了什么？　（　　　）

A　　　　　　　B　　　　　　　C

六、演一演：在快餐店里。
Role play: in a snack bar.

七、读一读，猜一猜。
Read and guess.

雨过天晴挂天上，

身体弯弯像座桥。

让我好好儿数一数，

七种颜色真漂亮。

（根据刘庆翠创作的谜语改写）

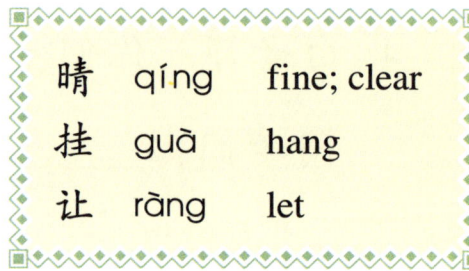

晴	qíng	fine; clear
挂	guà	hang
让	ràng	let

八、读一读。
Read aloud.

今天，我和海伦、小云去买冰淇淋。小云说有一种彩虹冰淇淋很特别，每种颜色是一种口味，有好几种口味。可是(kěshì, but)，我们没有找到这种冰淇淋，售货员(shòuhuòyuán, waitress)说卖完了。我们就选了别的口味的冰淇淋，也都很好吃。海伦买了杏仁冰淇淋，我买了绿茶冰淇淋，小云要了一杯草莓牛奶。我们约(yuē, make an appointment)好了，下次一定一起去尝尝彩虹冰淇淋。

九、写一写。
Write the characters.

饮	ノ	⺈	饣	饮	饮	饮	饮		
杯	一	十	才	木	杧	杯	杯	杯	
味	丶	口	口	吽	吽	吽	味	味	
虹	丶	口	口	中	虫	虫	虹	虹	虹
总	丶	⺍	丷	兰	兰	总	总	总	
茶	一	十	艹	犬	苓	苓	苓	茶	
换	一	寸	才	扌	护	护	挆	换	换
甜	ノ	⺧	千	舌	舌	舌	舌	甜	甜	甜
彩	丶	⺀	⺈	쓰	乎	采	彩	彩	彩

69

10 去超市

海　伦：爸爸，我的文具(jù)盒(hé)坏(huài)了，我想
　　　去买一个新的。

爸　爸：好。我们去超市看看。

海　伦：爸爸，快来！这儿有很多文具盒。

爸　爸：嗯(ńg)。你好好儿选选。

海　伦：这个文具盒真可爱，可是颜色有点儿暗，
　　　要是粉(fěn)色的就好了。

爸　爸：海伦，这个文具盒怎么样？

How about this writing case?

海　伦：这个真漂亮，就买这个吧。爸爸，我还想
　　　　买点儿文具。

爸　　爸：好，你别着急，慢慢选。

海　伦：爸爸，我选好了。咱们去付(fù)款(kuǎn)吧。

收银员：一共(gòng)三十五元(yuán)。您刷卡(kǎ)还
　　　　是付现金(jīn)？

爸　　爸：我刷卡。

这个文具盒怎么样？

具	盒	坏	粉	付	款	共	元	卡	金

文具盒	wénjùhé	writing case
坏	huài	broken; not working
可是	kěshì	but
粉	fěn	pink
文具	wénjù	stationery
付	fù	pay
款	kuǎn	a sum of money; funds
一共	yígòng	in all
元	yuán	*yuan* (China's monetary unit)
刷卡	shuākǎ	swipe card
现金	xiànjīn	cash

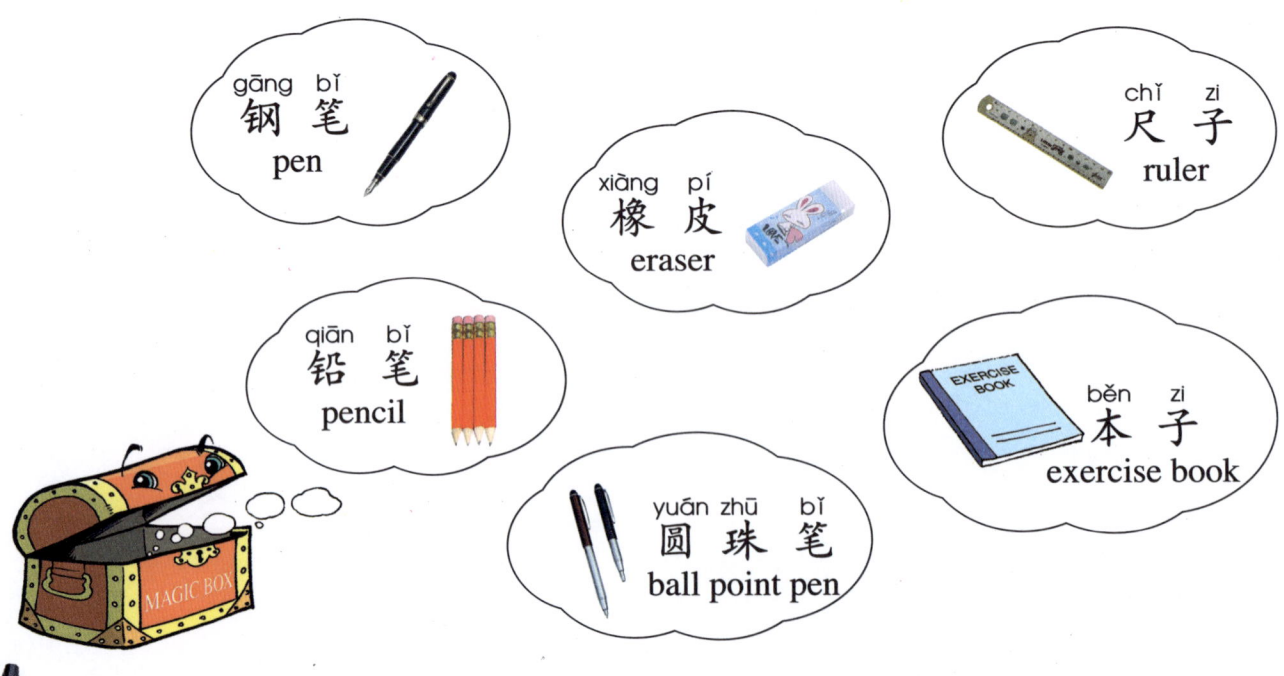

gāng bǐ
钢笔
pen

xiàng pí
橡皮
eraser

chǐ zi
尺子
ruler

qiān bǐ
铅笔
pencil

yuán zhū bǐ
圆珠笔
ball point pen

běn zi
本子
exercise book

练 习
Exercise

一、他们说的对不对？
Is what they say right?

"具"一共有七画，第七画是"、"。

"款"一共有十二画，部首是"欠"。

"卡"一共有五画，第四画是"丨"。

"金"一共有八画，第六画是"、"。

二、听一听，选一选。
Listen and choose.

坏 — 筷　　　　肯 — 粉　　　　馆 — 款

元 — 联　　　　盒 — 贺　　　　工 — 共

三、填一填，读一读。
Complete the words and read them.

四、照例子，写句子。
Rewrite the sentences according to the example.

例：我新买的文具盒好看吗？

我新买的文具盒怎么样？

1. 我的贴画做得好看吗？

_____？

2. 这学期你选的艺术课有意思吗？

_____？

3. 我包的饺子好吃不好吃？

_____？

4. 上星期你们在树林里玩得开心吗？

_____？

五、根据课文内容判断对错。

Judge true or false according to the text.

1. 海伦不喜欢粉色的文具盒。（　　）

2. 超市里的文具盒卖完了，海伦没有买到文具盒。（　　）

3. 海伦买了一个文具盒，还买了一些别的文具。（　　）

4. 爸爸刷卡付了款，没有用现金付款。（　　）

六、小活动：给小熊选文具。

Activity: Help the little bear choose stationary.

小熊买了＿＿＿＿＿＿＿＿＿＿＿。

这些文具一共＿＿＿＿＿元。

七、读一读，猜一猜。
Read and guess.

身体有圆也有方(fāng, square)，

常在文具盒里装(zhuāng, load; hold)。

要是写错一个字，

它会马上来帮忙。

八、读一读。
Read aloud.

　　我的文具盒坏了，放学后，我和爸爸去超市买了一个新文具盒。爸爸帮我选了一个粉色的，我非常喜欢。我还买了一些别的文具，一共花(huā, cost)了十五元。爸爸没带现金，我们刷卡付了款。回家以后，我把(bǎ)新买的文具放(fāng, put in)在新文具盒中，拿在手里看来看去，心里高兴极了。

九、写一写。
Write the characters.

元	一	二	亓	元							
卡	丨	十	上	卡	卡						
付	丿	亻	仁	付	付						
共	一	十	廿	艹	共	共					
坏	一	十	土	圢	坏	坏	坏				
具	丨	冂	冃	月	目	且	具	具			
金	丿	人	今	今	伞	宇	金	金			
粉	丶	丷	二	半	米	米	籿	粉	粉		
盒	丿	人	今	合	合	合	盒	盒	盒	盒	
款	一	十	士	圭	圭	寺	寺	款	款	款	款

77

 **11　买 游 泳 衣**

妈　　妈：您好！我想给孩子买一件游泳衣。

售货员：您看这件怎么样？这种款式(shì)是今年最
　　　　流行的。

妈　　妈：嗯，这件不错。不过好像有点儿小。

售货员：这是小号的。我给您拿一件中号的吧。

妈　　妈：小云，你看这件游泳衣怎么样？

小　　云：我很喜欢，就要这件吧。

妈　　妈：这件游泳衣多少钱(qián)？

售货员：七十八块(kuài)钱。

妈　　妈：能便宜(piányi)点儿吗？

售货员：对不起，我们这儿不打折(zhé)。

妈　　妈：那好吧。给您钱。

售货员：收您一百(bǎi)块，找您二十二块钱。欢迎
　　　　下次光临(lín)！

Here's your change, 22 yuan.

找您二十二块钱。

式 钱 块 便 宜 折 百 临		

游泳衣	yóuyǒngyī	bathing suit
款式	kuǎnshì	design; style
今年	jīnnián	this year
流行	liúxíng	fashionable
号	hào	size
钱	qián	money
块	kuài	*kuai* (informal expression for *yuan*)
便宜	piányi	cheap
打折	dǎzhé	give discounts
收	shōu	receive
找	zhǎo	give change
光临	guānglín	presence

T xù shān
T恤衫
T-shirt

dà yī
大衣
overcoat

xié
鞋
shoes

chèn shān
衬衫
shirt

kù zi
裤子
pants

máo yī
毛衣
sweater

练 习
Exercise

一、找一找，涂一涂。
Find and paint.

钓　便　元　换　坏　宜

折　实　块　钱　百　付

二、读一读，想一想。
Read and think.

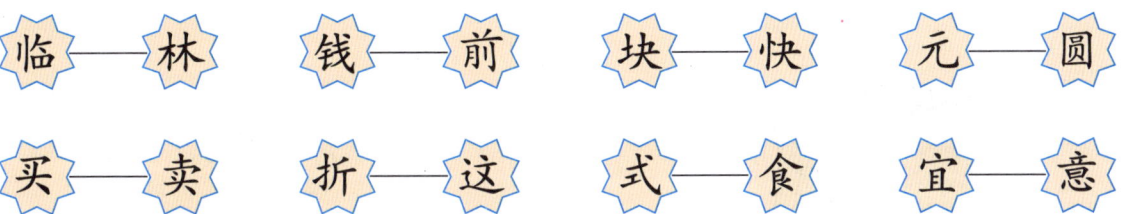

临——林　　钱——前　　块——快　　元——圆

买——卖　　折——这　　式——食　　宜——意

三、选词填空。
Fill in the blanks with the proper words.

1. 你喜欢这件游泳衣的_____（口味　款式）吗？

2. 这件衣服是中_____（号　颜色）的。

3. 可以_____（打折　便宜）点儿吗？

4. 请问这条裙子_____（多少　几）钱？

5. 这两件衣服一共一百二十元，_____（拿　收）您

一百五十元，_____（找　送）您三十元。

四、读一读，记一记。
Read and memorize.

5.00　五元

5.50　五元五角(jiǎo)／五块五(毛)

15.80　十五元八角／十五块八(毛)

25.00　二十五元

100.00　一百元

105.00　一百零五元

110.00　一百一十元

115.00　一百一十五元

五、填一填，说一说。
Fill in the blanks and read aloud.

这件衣服一百二十五块钱。　_____。

_____。　_____。

六、听一听，选一选。
Listen and choose.

1. 他穿什么号的衣服？（　　）

    A. 大号　　　　B. 中号　　　　C. 小号

2. 妈妈昨天买的游泳衣多少钱？（　　）

    A. 三十元　　　B. 二十元　　　C. 三十二元

3. 这件东西多少钱？（　　）

    A. 一百元　　　B. 二十五元　　　C. 七十五元

七、演一演：买衣服。
Role play: buying clothes.

颜色：蓝色 红色 粉色
　　　白色 绿色
号码：大号 中号 小号
价格：50～100元　100～150元
　　　150～200元

八、读一读。
Read aloud.

　　星期六，我和妈妈去商店买游泳衣。售货员选了一件今年流行的款式给我，妈妈觉得(juéde, feel)不错，可是有点儿小。售货员又拿了一件中号的，我和妈妈决定(juédìng, decide)买这一件。妈妈觉得游泳衣有点儿贵(guì, expensive)，问售货员能不能便宜一点儿，售货员说他们店里不打折。那件游泳衣七十八块钱，妈妈用现金付了款。我有了新游泳衣，特别高兴，明天就跟朋友们去游泳馆玩。

九、写一写。
Write the characters.

式	一	二	二	三	式	式		
百	一	丁	丁	万	百	百		
块	一	十	土	圹	圹	块		
折	一	十	扌	扩	折	折		
宜	丶	宀	宀	宁	宜	宜	宜	宜
临	丨	刂	忙	忙	忙	忙	临	临	临
便	丿	亻	仁	仁	佢	佢	便	便
钱	丿	丿	钅	钅	钅	钅	钱	钱	钱

12　网(wǎng)上购(gòu)书

　　昨天，我收到了一本故事书，那是我和姐姐上个星期在网上买的。拿到它，我特别高兴。姐姐经常在网上买东西，她说网上的东西比商(shāng)店里的便宜。上个星期，姐姐教我在网上买书。我们先在

购书网上找到了想要的书，然后点击(jī)"购买"，输入(shūrù)自己的地址(zhǐ)和电话，最后用银行(yínháng)卡在网上付款。我用姐姐的银行卡付了款，三天以后就收到了书。网上购物真是方便极了，节省(shěng)了很多逛(guàng)商店的时间。希望有一天我也能有自己的银行卡，那样就更方便了。

| 网 | 购 | 商 | 击 | 输 | 入 | 址 | 银 | 省 | 逛 |

网	wǎng	Internet
购	gòu	purchase; buy
商店	shāngdiàn	shop
点击	diǎnjī	click
购买	gòumǎi	purchase; buy
输入	shūrù	input
地址	dìzhǐ	address
银行卡	yínhángkǎ	debit card
方便	fāngbiàn	convenient
节省	jiéshěng	economize; save
逛	guàng	stroll; ramble
那样	nàyàng	in that way

练 习
Exercise

一、数一数，排一排。
Count and arrange.

①	②	③	④	⑤	⑥	⑦	⑧
购	网	商	址	入	省	击	逛

二、读一读，拔一拔。
Read and pull.

三、读一读，记一记。
Read and memorize.

这么香	流行款式	逛商店	输入地址
这么便宜	流行音乐	逛公园	输入电话
这么方便	流行口味	逛校园	输入名字

四、排一排，读一读。
Arrange and read aloud.

1. A 冰淇淋　　B 彩虹　　C 完　　D 了　　E 卖

2. A 我买的　　B 你　　C 怎么样　　D 看　　E 文具盒

3. A 钱　　B 找您　　C 十五　　D 块　　E 应该

4. A 银行卡　　B 付了　　C 姐姐　　D 用　　E 款

五、根据课文内容判断对错。
Judge true or false according to the text.

1. 姐姐说商店里的东西比网上的便宜。（　）

2. 我先输入了自己的地址和电话，然后点击"购买"。（　）

3. 我用自己的银行卡在网上付了款。（　）

4. 网上购物可以节省很多逛商店的时间。（　）

六、读一读，排一排。
Read and arrange.

A. 在网上付款。

B. 输入自己的地址和电话。

C. 在购书网上找到想要的书。

D. 收到在网上买的书。

E. 点击"购买"。

_____。

七、根据实际情况回答问题。
Answer the questions according to your actual situation.

1. 你和你的家人在网上买过东西吗? 都买些什么?

2. 你觉得(juéde, feel)在网上买东西方便吗?

3. 给同学们讲一讲你在网上购物的有趣(yǒuqù, interesting)

经历(jīnglì, experience)。

八、读对话。
Read the dialogue.

姐姐: 你的生日快到了, 想要什么礼物?

大卫: 我想买一本《童话大全》(dàquán, a complete collection of) ,

可是在书店里没有找到。

姐姐: 我帮你在网上找找。

大卫: 网上会有吗?

姐姐: 我经常在购书网上买书, 网上的书比书店里的便宜。

大卫: 怎么买呢?

姐姐: 先输入《童话大全》, 看, 找到了, 是这本吗?

大卫: 对, 太好了!

姐姐: 点击"购买", 然后输入地址和电话, 就输入我的吧,

最后用银行卡付款。

大卫：　什么时候能拿到书？

姐姐：　两三天吧，收到了我就给你。

大卫：　谢谢姐姐！网上购书真是太方便了！

九、写一写。
Write the characters.

入	丿	入								
击	一	二	击	击	击					
网	丨	冂	冈	冈	网	网				
址	一	十	土	圵	圵	址				
购	丨	刀	贝	贝	贝	购	购			
省	丨	小	小	少	尐	省	省	省	省	
逛	丿	彳	犭	犭	犴	狂	狂	逛	逛	
银	丿	𠂉	钅	钅	钅	钔	钔	钗	铟	银
商	丶	一	亠	产	产	商	商	商	商	商
输	一	𠂇	车	车	轩	轮	轮	输	输	输
	输	输								

91

综合练习一
Comprehensive Exercise I

一、比一比，组词语。
Compare and make words or phrases.

菜_____

茶_____

观_____

欢_____

饺_____

饮_____

叉_____

义_____

二、想一想，看谁写的多。
Think and then see who can write more characters.

女：_____

扌：_____

辶：_____

饣：_____

三、读一读，填一填。
Read and classify.

食 房 形 商 剪 式 迎 钱 尝 厅 甜 联 植 汤 址 姓

帮	先	始	平
汤	___	___	___
___	___	___	___
___	___	___	___
___	___	___	___

四、选词填空，再读一读。
Fill in the blanks and then read aloud.

请　　打折　　更　　希望　　不过　　担心

1. 我也很想去逛书店，_____我已经安排别的活动了。

2. 我_____明年可以去姐姐的学校上学。

3. 周末来我家做客吧，我_____你吃妈妈做的冰淇淋。

4. 这件游泳衣已经很便宜了，不能再_____了。

5. 这门课太难了，我_____学不好。

6. 我们学校的午餐比以前____好了，又多了一些新花样。

93

五、听一听，选一选。

Listen and choose.

1. 老师带玛丽先参观了什么地方？ （ ）

A 　　B 　　C

2. 汤姆想选什么课？ （ ）

A 　　B 　　C

3. 星期六我们去做什么了？ （ ）

A 　　B 　　C

4. 大卫在哪儿买到了游戏软件？ （ ）

A 　　B 　　C

5. 这个商店的牛奶多少钱一盒？ （ ）

A 　　B 　　C

六、想一想，完成句子。
Complete the sentences.

1. 我可以＿＿＿＿＿＿＿＿＿＿？

2. 我想在网上买书，不过＿＿＿＿＿＿＿＿＿＿＿。

3. 妈妈要我＿＿＿＿＿＿＿＿＿＿。

4. ＿＿＿＿＿＿＿＿＿＿＿怎么样？

5. ＿＿＿＿＿＿＿做得＿＿＿＿＿＿＿。

七、排一排，读一读。
Arrange and read aloud.

1. A活动　B我　C周末的　D参加　E可以　F吗

2. A你　B真的　C做的　D贴画　E像　F一样

3. A怎么样　B你　C文具盒　D在　E网上　F买的

4. A要　B妈妈　C再　D我　E出去　F吃完冰淇淋

八、看图说话：玛丽的新学期。
Describe the pictures: Mary's new term.

①参观校园

②选课

③买文具

④学中文

⑤去野餐

⑥做义工

九、读一读。
Read aloud.

中国人过春节的时候要吃饺子，这个习俗(xísú, custom)在古代(gǔdài, ancient times)就已经流行了。饺子要在除夕(chúxī, New Year's Eve)晚上12点以前包好，等到12点再吃，这时正是农历新年第一天的开始。饺子的样子像中国古代的一种钱——"元宝"(yuánbǎo, ingot)，人们在春节吃饺子，希望新的一年不愁(chóu, worry)吃，不愁穿。饺子有馅儿，人们把各种好吃的包到馅儿里，希望可以得到好运(hǎoyùn, good luck)。

 **13** 汤姆跳过去了

小　云：现在跳高比赛(sài)只剩(shèng)下丹尼和汤姆两
　　　　个人了。

大　卫：他们两个人真厉害(lìhai)，不知道谁最后能得
　　　　第一。

小　云：我看丹尼厉害，他个子比汤姆高。

大　卫：那不一定，个子高的不一定跳得高，汤姆也
　　　　很厉害的。他们都是我的好朋友，如(rú)果能
　　　　并列(bìngliè)第一就好了。

小　云：那怎么可能？

大　卫：现在高度是多少？

小 云：一米零(líng)五。真高啊！

大 卫：汤姆跳过去了！

Tom made it!

小 云：丹尼也跳过去了！

大 卫：现在高度是一米一了。啊，都快和你一样高了。

小 云：我可没那么矮(ǎi)。我一米三五，比那高多了。

啊！丹尼没跳过去，现在就看汤姆的了。

大 卫：汤姆起跳了……跳过去了！

小 云：还是汤姆厉害！

汤姆跳过去了。

赛	剩	厉	害	如	并	列	零	矮

跳高	tiāogāo	high jump
比赛	bǐsài	competition
剩	shèng	left
厉害	lìhai	great; brilliant
如果	rúguǒ	if
并列	bìngliè	stand side by side
可能	kěnéng	possible
零	líng	zero
高度	gāodù	height
矮	ǎi	short
起跳	qǐtiāo	jump

练 习
Exercise

一、读一读，按部首给字分类。

Read aloud and classify the characters according to their radicals.

赛　　　厉　　　害

剩　　　压　　　姓

如　　　列　　　奶

二、数一数，把笔画数相同的字连在一起。

Count and match the characters which have the same number of strokes.

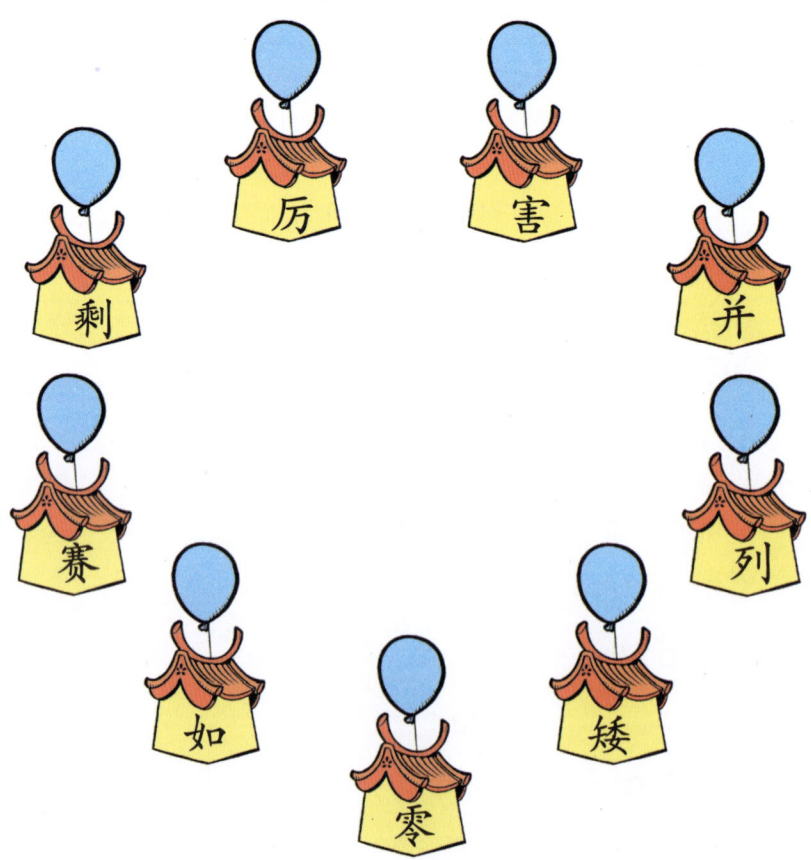

三、听一听，选一选。
Listen and choose.

跳高	如果	比赛	厉害	并列	可能
起跳	水果	比分	农历	冰水	可以

四、看图选词语。
Look at the pictures and choose the correct words.

1. 玛丽跑_____了。

（出去　出来）

2. 汤姆跑_____了。

（回去　回来）

3. 小狗跑_____了。

（过来　过去）

五、根据课文回答问题。
Answer the questions according to the text.

1. 丹尼和汤姆谁的个子高？

2. 大卫和谁是好朋友？

3. 丹尼跳过的高度是多少？

4. 为什么小云说汤姆更厉害？

六、小活动：每三个同学一组，听老师的口令做动作，比一比哪组
表现好。
Activity: Make teams of three students each and act out what the teacher says. See
which team is the best.

跑　　　　过去　　过来
走　　　　出去　　出来
跳　　　　回去　　回来

七、读一读。
Read aloud.

和小雨点儿赛跑

小草，小草，
和小雨点儿赛跑。
小雨点儿跑到哪儿，
小草马上就跑到。
大平原说：
"小草，小草，谢谢你。
你织(zhī, weave)的绿地毯(dìtǎn, carpet)，真好！"
大山、小山一齐说：
"小草，小草，谢谢你。
你缝(féng, sew)的绿外套(wàitào, overcoat)，真棒(bàng, wonderful)！"

(作者鲁兵)

八、填一填，读一读。
Fill in the blanks and read.

　　丹尼和汤姆参加跳高比＿＿＿＿(sài)，我和小云看比赛。他们都很＿＿＿＿＿＿(lìhai)，最后就＿＿＿＿(shèng)下他们两个。丹尼和汤姆都是我的好朋友，＿＿＿＿(rú)果他们都能得第一就好了。高度一米一，汤姆跳过去了，丹尼没有跳过去。汤姆得了第一名。

九、写一写。
　Write the characters.

厉	一	厂	厃	厉	厉						
如	乚	乆	女	如	如	如					
并	丶	丷	兰	兰	并	并					
列	一	歹	歹	夕	列	列					
害	丶	宀	宀	宇	宇	宔	宔	害	害		
剩	一	二	千	禾	禾	禾	乖	乖	乘	剰	剩
零	一	一	一	雨	雨	零	零	零	雯	零	零
矮	丿	午	二	矢	矢	矢	矫	矫	矮	矮	矮
赛	丶	宀	宀	宇	寒	寒	寒	寒	寒	寒	赛
	赛										

14 我喜欢打网球

汤　姆：白老师，昨天您看网球比赛了吗？

白老师：看了，比赛很精(jīng)彩。迈克(màikè)打得棒(bàng)极了。

汤　姆：迈克发球好，还打出许多好球。

白老师：他跑动快，救(jiù)了很多险(xiǎn)球。汤姆，你也喜欢打网球吗？

汤　姆：喜欢。我有时和爸爸一起打。

白老师：你爸爸也喜欢打网球？

汤　　姆：嗯。不过爸爸工作很忙，打球的机会不多。

白老师：那你平时和谁一起打？

汤　　姆：小云、丹尼。他们也都喜欢打。

You take the racket.

白老师：下星期，你把球拍带来，再叫上丹尼和小云。上完课，我们一起打。

汤　　姆：太好了！那我这就去预(yù)定场(chǎng)地。

白老师：要这么早吗？

汤　　姆：打网球的人挺(tǐng)多的，预定晚了可能就没场地了。老师，我去了！

你把球拍带来。

| 精 | 棒 | 救 | 险 | 预 | 场 | 挺 |

网球	wǎngqiú	tennis
精彩	jīngcǎi	wonderful
棒	bàng	good
发	fā	serve
救	jiù	save
险	xiǎn	dangerous

机会	jīhuì	chance
平时	píngshí	usually
球拍	qiúpāi	racket
预定	yùdìng	book
场地	chǎngdì	court
挺	tǐng	quite a lot

练 习
Exercise

一、他们说的对不对？
Is what they say right?

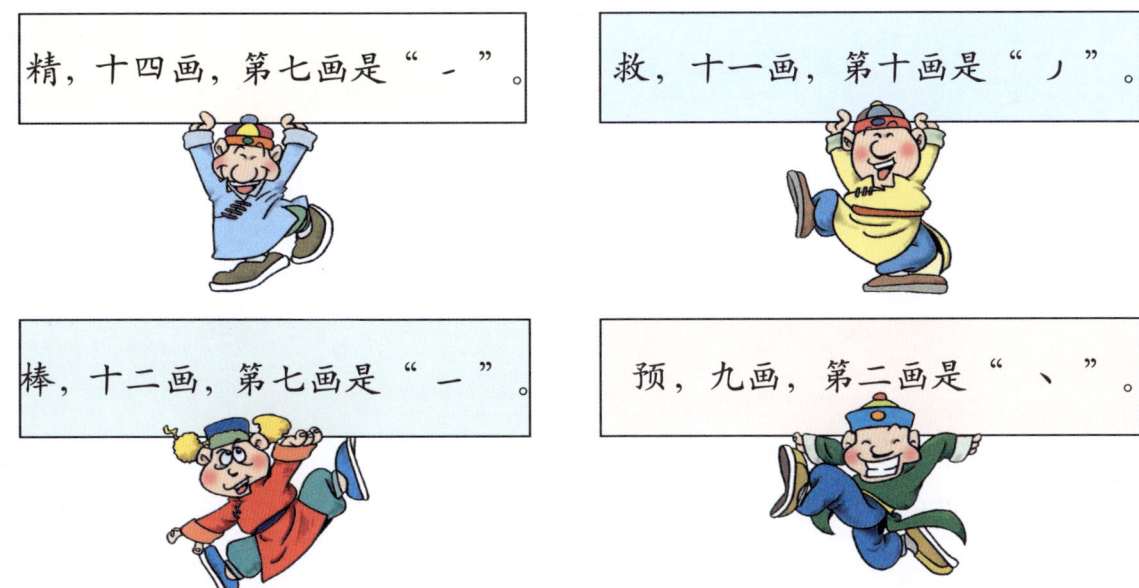

精，十四画，第七画是"一"。

救，十一画，第十画是"丿"。

棒，十二画，第七画是"一"。

预，九画，第二画是"、"。

二、用彩笔描出字的部首，然后再写出一个同样部首的字。
Paint the radicals of the characters and then write another character with the same radical.

精　　救　　预　　挺

棒　　险　　场

三、读一读。
Read aloud.

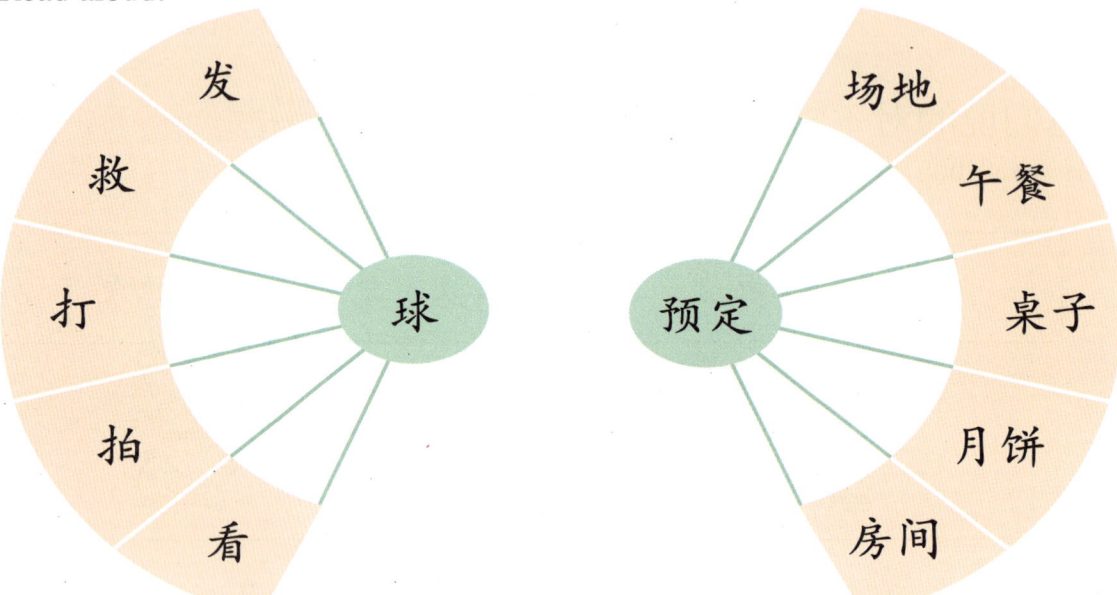

四、排一排，读一读。
Arrange and read aloud.

1. A 网球　　B 他　　C 得　　D 打　　E 好

2. A 一只　　B 小狗　　C 救了　　D 昨天　　E 我们

3. A 表演　　B 挺　　C 今天　　D 精彩　　E 的

4. A 预定了　　B 妈妈　　C 午餐　　D 已经

五、把括号中的词放到句中合适的地方。
Put the words into the proper places.

1. 大卫 A 把 B 钢笔 C 送给小云。（想）

2. 你 A 把 B 球拍 C 放回去。（要）

3. 我们 A 把 B 贴画 C 送给白老师。（应该）

六、听一听，根据课文选出正确的答案。
Listen and choose the correct answers according to the text.

1. A. 看了   B. 没看   C. 不知道   （   ）

2. A. 很棒   B. 不好   C. 不知道   （   ）

3. A. 喜欢   B. 不喜欢   C. 不知道   （   ）

4. A. 汤姆   B. 汤姆和丹尼   C. 汤姆、丹尼和小云   （   ）

七、学一学，唱一唱。
Learn and sing.

歌声与微笑

王　健词
谷建芬曲

热情　活跃地

请把我的歌　　带回你的家，请把你的微笑留　下。

请把我的歌　　带回你的家，请把你的微笑　留　下。

明天明天这歌声，飞遍海角天　涯，飞遍海角天　　涯，

明天明天这微笑，将是遍野春　花，将是遍野春　　花。

微笑	wēixiào	beam; smile
遍	biàn	everywhere
天涯海角	tiānyáhǎijiǎo	the ends of the earth

110

八、读一读。
Read aloud.

　　下课了，汤姆和白老师聊起了网球。他们都看了昨天的网球比赛，都非常喜欢迈克。汤姆很喜欢打网球，平时经常和小云、丹尼打，有时也会和爸爸打。白老师也喜欢打网球，他们约好下星期一起打。汤姆非常高兴，急忙就去预定场地了。

九、写一写。
Write the characters.

场	一	十	士	坊	场	场				
险	㇆	㇆	㇉	阝	阶	险	险	险		
挺	一	十	才	扩	扩	扦	拝	挺	挺	
预	㇇	㇇	孑	予	予	预	预	预	预	预
彩	ノ	㇇	㇇	丷	平	采	采	彩	彩	彩
救	一	十	寸	求	求	求	求	求	救	救
棒	一	十	才	木	桂	桂	栏	栱	棒	棒	棒
精	丶	丷	丷	半	米	米	米	米	精	精	精	精
	精	精								

看篮(lán)球比赛

爸　爸：大卫，快来看，篮球比赛开始了。

大　卫：哪两个队比赛？

爸　爸：休斯(sī)敦(dūn)火箭(jiàn)队和洛杉矶(luòshānjī)
　　　　湖(hú)人队。

大　卫：穿红色球衣的是休斯敦火箭队吧？

爸　爸：是啊。

大　卫：这是季后赛吗？

爸　爸：对。这是季后赛第五场，火箭队的主场。

大　卫：大比分几比几？

爸　爸：1比3。火箭队落(luò)后，这场比赛非常关
　　　　键(jiàn)。如果火箭队再输了，就被(bèi)湖人
　　　　队淘汰(táotài)了。

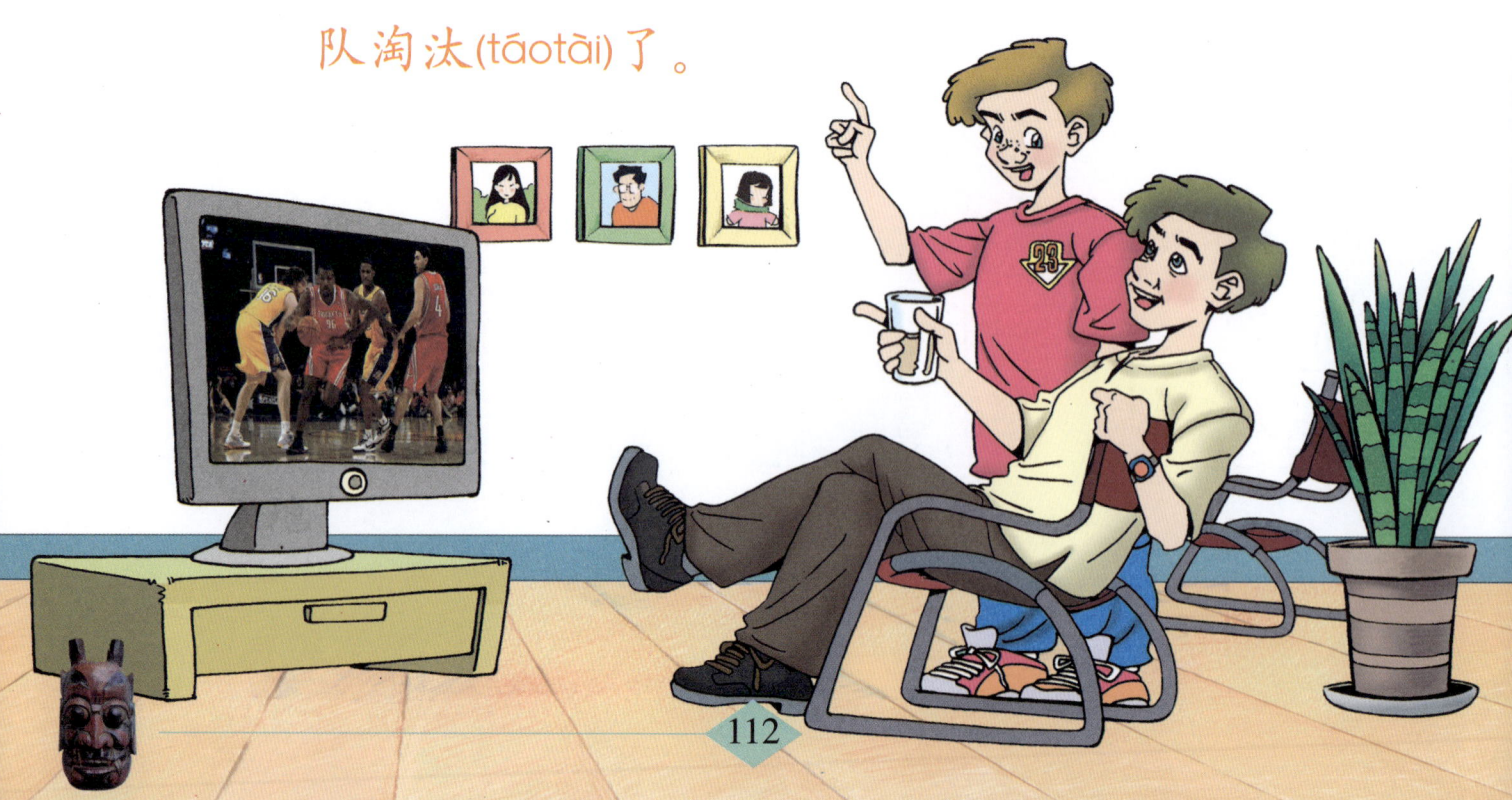

If the Rockets lose again, they will be out of the game.

大　卫：真的啊。这场比赛怎么样，多少比多少？

爸　爸：63比58。火箭队领(lǐng)先。

大　卫：太好了。火箭队加油(yóu)啊！

如果火箭队再输了，就被湖人队淘汰了。

篮	箭	落	键	被	淘	汰	领	油

火箭	huǒjiàn	Rockets
球衣	qiúyī	dress
季后赛	jìhòusài	post season
主场	zhǔchǎng	home field; host
比分	bǐfēn	score
落后	luòhòu	fall behind
关键	guānjiàn	important
输	shū	lose
被	bèi	(used in a passive sentence to indicate that the subject is the object of the action)
淘汰	táotài	eliminate
领先	lǐngxiān	keep ahead
加油	jiāyóu	cheer up

练 习
Exercise

一、读一读，想一想。
Read aloud and think.

二、比一比，组词语。
Compare and make words or phrases.

篮_____

蓝_____

箭_____

前_____

太_____

汰_____

领_____

顶_____

三、看一看，读一读。
Look and read aloud.

球队

球衣

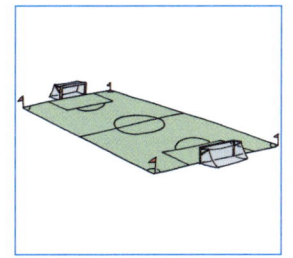
球场

球门

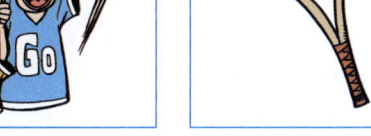
球迷

球拍

球赛

球员 (yuán)

四、读句子，说句子。
Read aloud and complete the sentences.

1. 如果是季后赛，爸爸就会让我看。

2. 如果我没写完作业，就不能出去玩。

3. 如果我有一件火箭队的球衣，就＿＿＿＿＿＿。

4. 如果＿＿＿＿＿＿＿＿＿＿，就预定后天的。

5. 如果＿＿＿＿＿＿＿＿＿＿，＿＿＿＿＿＿就＿＿＿

   ＿＿＿＿＿＿。

五、听一听，选择正确的答案。
Listen and choose the correct answer.

1. 谁去看篮球比赛了？　（　　）

    A. 爸爸和大卫

    B. 爸爸、小云和大卫

    C. 大卫和小云

2. 大卫为哪个队加油？　（　　）

    A. 湖人队

    B. 火箭队

六、小活动：说一说你喜欢的球队。
Activity: Talk about your favorite team.

1. 几个人一组，每个人说出自己喜欢的球队，并说说
   为什么。

2. 做一个看比赛、加油用的纸板，上面要有"加油"
   两个字。

七、读一读。
Read aloud.

早　操

小露珠，
起得早，
滚来滚去，
在树叶上做操。

小鸟儿，
起得早，
跳来跳去，
在树枝上做操。

小蜜蜂，
起得早，
飞来飞去，
在花朵中做操。

小娃娃，
起得早，
跑来跑去，
在阳光下做操。

（作者胡木仁）

八、填一填，读一读。

Fill in the blanks and read aloud.

　　　NBA的一场季后赛开始了，爸爸叫大卫一起看。比赛很精彩，火箭队和湖人队都打得很好。现在是火箭队领先，但是大比分是湖人队3（　　　）1领先。如果这场比赛火箭队输了，他们就被湖人队（　　　）了，所以大卫为他们加油。

九、写一写。

Write the characters.

汰	丶	冫	氵	汁	汏	汏	汰				
油	丶	冫	氵	汀	沪	油	油				
被	丶	礻	礻	礻	礻	祒	袖	袯	被		
淘	丶	冫	氵	汋	汋	沟	淘	淘	淘	淘	
领	丿	人	人	今	令	令	令	令	领	领	领
落	一	艹	艹	艹	茫	茫	莎	茨	茨	落	落
键	丿	丿	上	上	钅	钅	钊	钊	铚	键	键
箭	丿	丿	乍	乍	乍	竺	笞	笙	筈	筈	箭
	箭	箭									
篮	丿	乍	乍	乍	乍	竺	竺	笙	笙	篮	篮
	篮	篮	篮								

16 不一样的足球

前几天，我们班从英国来了一个新同学，名字叫约翰(yuēhàn)。他性格(xìnggé)开朗(lǎng)，爱说爱笑，很快就和我们成为[wéi]了好朋友。

约翰说他非常喜爱足球。这简(jiǎn)直太好了，我和我的朋友也都喜欢足球。于是我们约(yuē)好星期天在公园踢(tī)足球。约翰说他负责(fùzé)带足球。

星期天，我们早早地来到了公园。没想到约翰来得更早，他已经到了。他从身后拿出来一个足球，我们都傻(shǎ)眼了。原来，约翰拿出来的不是美国的足球，而是英国的足球。

不过没关系，约翰教我们踢英国的足球，非常有意思。我们还约定，下周我们教约翰玩美国的足球。

性	格	朗	简	约	踢	负	责	傻

性格	xìnggé	personality
开朗	kāilǎng	out-going; open
成为	chéngwéi	become
喜爱	xǐ'ài	like
简直	jiǎnzhí	really
于是	yúshì	so
约	yuē	make an appointment
踢	tī	play
负责	fùzé	be in charge
出来	chūlái	take out
傻眼	shǎyǎn	amazed
约定	yuēdìng	make an appointment

练 习
Exercise

一、数一数，把下面的字按笔画多少排列。
Count and arrange the characters according to the increasing number of their strokes.

性　格　朗　简　约　踢　负　责　傻

二、连一连，写一写。
Match and write.

足　　　良　　　竹　　　主　　　亻

夋　　　易　　　月　　　贝　　　间

三、读一读。
Read aloud.

性格开朗　　　　开朗的性格

蔬菜便宜　　　　便宜的蔬菜

比赛精彩　　　　精彩的比赛

球衣好看　　　　好看的球衣

四、读句子，用加点的词写句子。
Read aloud and write new sentences with the dotted words.

1. 我和小云喜爱看电影。

_____。

2. 他们的表演简直太精彩了。

_____。

3. 今天大家都没有时间，于是我们约定后天打网球。

_____。

五、听一听，选择正确的答案。
Listen and choose.

1. 约翰和谁踢足球？（　　）

　　A. 汤姆　　　　B. 大卫　　　　C. 丹尼

2. 他们哪天踢足球？（　　）

　　A. 昨天　　　　B. 今天　　　　C. 明天

3. 他们哪天打了网球？（　　）

　　A. 昨天　　　　B. 今天　　　　C. 明天

六、根据课文内容回答问题。
Answer the following questions according to the text.

1. 班里的新同学是从哪里来的？

2. 约翰的性格怎么样？

3. 我们为什么傻眼了？

七、读一读。
Read aloud.

太阳和月亮

太阳是哥(gē)哥，

月亮是弟(dì)弟。

哥哥和弟弟，

天天做游戏。

你拉不着[zháo]我，

我抓不住你，

跑来又跑去，

从东追(zhuī)到西。

（作者冉耕）

八、小活动：说说家人喜爱的体育活动。

Activity: Describe your family members' favorite sports.

Family member	Favorite sport	Time	Place

九、写一写。

Write the characters.

负
约
性
责
格
朗
简
傻
踢

乒乓球的起源

乒乓球起源于英国，被叫做桌上的网球(table tennis)。为什么呢？原来，乒乓球是从网球发展来的。19世纪末，英国就有很多人喜欢打网球。有时候天气不好，不能在外面打，一些大学生就在室内用饭桌做球桌，用书做球网，用羊皮纸做球拍，在饭桌上打。这样，最初的乒乓球就诞生了。

后来，经过发展，乒乓球就成了我们现在看到的样子。你打过乒乓球吗？你知道现在哪儿的人最喜欢打乒乓球吗？

17 我家的猫会说话

大卫：海伦，听说你家的小花猫会说话，是真的吗？

海伦：当然是真的。

大卫：它又不是人，怎么会说话？

海伦：它的尾巴直直地向上立(lì)着走路，说的是它身体很健康(jiànkāng)。

大卫：原来是这样说话呀！它还会说什么？

海伦：它跟我玩的时候，躺在地上，肚皮朝上，表示(shì)它绝(jué)对信任(rèn)我。

大卫：有意思。那天我去你家，它也对我这样。

海伦： 你是我的好朋友啊，所(suǒ)以它也非常信任你。

You are my friend, so it really trusts you too.

大卫： 那它饿(è)了的时候呢？

海伦： 它饿了，就会对我喵(miāo)喵地叫，然后把我带到它吃饭的地方。

大卫： 要是这样说，我家的狗也会说话了！猫跟狗"说"的话一样吧？

海伦： 肯定不一样。要不然，你的狗和我的猫在一起，就不会打架(jià)了。

你是我的好朋友啊，所以它也非常信任你。

立 健 康 示 绝 任 所 饿 架

说话	shuōhuà	say; speak; talk
立	lì	erect
走路	zǒulù	walk
健康	jiānkāng	healthy
肚皮	dùpí	belly
表示	biǎoshì	mean

绝对	juéduì	absolutely
信任	xìnrèn	trust
所以	suǒyǐ	so
饿	è	hungry
要不然	yàobùrán	otherwise
打架	dǎjià	fight

练 习
Exercise

一、涂一涂，比一比。
Paint and compare.

立　　是　　任　　箭　　先　　前

健　　钱　　鲜　　认　　历　　示

二、读一读，捡一捡。
Read aloud and collect.

三、选词填空。
Fill in the blanks with the proper words.

 表示    说话    饿    信任

1. 小猫尾巴直直地走路，_____身体健康。

2. 海伦性格开朗，喜欢_____。

3. 小花猫和小黑狗互相不太_____。

4. 小猫_____了，海伦给它吃的。

四、看图完成句子。
Answer the questions according to the pictures.

1. 小花猫饿了，所以   2. 今天是星期天，所以

　 海伦_____。   　 大卫_____。

3. 小狗和小猫"说"的
   话不一样，所以它们
   ＿＿＿＿＿＿＿。

4. 汤姆想锻炼身体，
   所以他＿＿＿＿＿＿。

五、听一听，选一选。
Listen and choose the correct answer.

1.谁饿了？　（　　）

A　　　　　　　　B　　　　　　　　C

2.谁跟谁打架？　（　　）

A　　　　　　　　B　　　　　　　　C

3.小猫的身体怎么样？（　　）

A　　　　　　　　B　　　　　　　　C

六、小调查：小猫和小狗怎样对人表示友好？

Investigation: How does a puppy or a kitten show that it's friendly?

七、读一读。

Read aloud.

小猫开车，

老鼠(lǎoshǔ, mouse)不坐。

黄鼠狼(huángshǔláng, weasel)

开车，小鸡不坐。

131

③

④

大灰(huī, grey)狼(láng, wolf)开车，山羊不坐。

老虎(lǎohǔ, tiger)开车，谁也不坐！

八、读一读，答一答。

Read aloud and answer the questions.

　　小猫和小狗在一起，它们总是打架。为什么呢？原来，是它们说的话不一样。小狗摇（yáo, shake）尾巴，表示自己很高兴；小猫摇尾巴，意思是不高兴。小狗见到了小猫，摇自己的尾巴，意思是想和小猫玩。小猫想小狗肯定不喜欢自己，要不然它不会摇尾巴——于是，它们打架了！

1. 小狗摇尾巴是什么意思？　（　　）

　　A. 不高兴　　　B. 高兴　　　C. 想打架

2. 小狗和小猫在一起为什么打架？ （　　）

    A. 小狗不想和小猫玩。

    B. 小猫不想和小狗玩。

    C. 小狗和小猫说的话不一样。

九、写一写。
Write the characters.

立	丶	二	六	立	立				
示	一	二	亍	示	示				
任	丿	亻	仁	仁	仟	任			
所	丶	厂	斤	戶	戶	所	所		
架	乛	力	加	加	加	架	架	架	
绝	丶	纟	纟	纟	纩	绍	绝	绝	
饿	丿	饣	饣	饣	竹	饽	饿	饿	饿
健	丿	亻	亻	仴	仴	佯	律	健	健
康	丶	二	广	庐	序	庐	庚	康	康

18　可爱的大熊猫

约翰：大熊猫太可爱了！

海伦：是啊！大熊猫圆圆的脑袋(dai)，胖(pàng)胖的身体，非常可爱！

小云：大熊猫的动作又慢又笨(bèn)，我肚子都笑疼了！

The panda moves so slowly and awkwardly.

约翰：不过，大熊猫在野外可灵(líng)活呢。一有危(wēi)险，它就爬(pá)上树，动作可快了！

海伦：大熊猫只吃竹(zhú)子吧？

约翰：它有时候也吃些肉。

海伦：约翰，你知道许多大熊猫的事嘛(ma)！

约翰：我喜欢大熊猫啊，所以在网上看了许多大熊猫的资(zī)料。

小云：我给大熊猫照了好多照片呢！

海伦：我看看。

大卫：哈(hā)哈！大熊猫永(yǒng)远照不了彩色照片。

海伦：为什么啊？

大卫：它只有黑和白两种颜色啊，照出来永远是黑白照片！

大熊猫的动作又慢又笨。

袋	胖	笨	灵	危	爬	竹	资	永

大熊猫	dàxióngmāo	panda
脑袋	nǎodai	head
胖	pàng	fat
笨	bèn	clumsy
灵活	línghuó	agile
危险	wēixiǎn	danger
爬	pá	crawl
竹子	zhúzi	bamboo
资料	zīliào	material
永远	yǒngyuǎn	forever
照	zhāo	take
彩色	cǎisè	color
黑白	hēibái	black and white

练 习
Exercise

一、数一数，连一连。
Count and match.

二、比一比，读一读。
Compare and read aloud.

三、填一填。
Fill in the blanks.

1. 大熊猫的_____(nǎodai)圆圆的，身体_____(pàngpang)的。

2. 大熊猫在野外很_____(línghuó)，会____(pá)树。

3. 大熊猫吃_____(zhúzi)，也吃____(ròu)。

4. 大熊猫只有黑白两种颜色，所以____(zhāo)出来的照片_____(yǒngyuǎn)是黑白的。

四、读一读，说一说。
Read aloud and speak.

1. 谁的动作又慢又笨？

2. 谁的身体又高又大？

3. 谁做贴画又快又好？

4. 什么汤又好喝又新鲜？

五、根据课文回答问题。
Answer the questions according to the text.

1. 大熊猫长得什么样？

2. 小云为什么笑疼了肚子？

3. 在野外有危险的时候，大熊猫会怎样做？

4. 大熊猫吃什么？

5. 约翰在网上看了些什么？

6. 大卫为什么说大熊猫永远照不了彩色照片？

六、画一画你喜欢的一两种动物，并给同学们介绍一下。
Draw your favorite animals and describe them to your classmates.

七、猜一猜。
Guess.

像熊比熊小，像猫比猫大。

戴着黑墨镜(mòjìng, sunglasses)，

竹林(bamboo grove)里安家(settle down)。

八、读一读，想一想。
Read aloud and think.

大熊猫的样子又可爱又可笑(kěxiào, laughable)，脑袋很圆，身体很胖。

它们住在高高的山上，山上的竹子是它们的食物。它们在野外可不像在动物园里那样笨，动作可灵活了。

有些大熊猫住在动物园里。在熊猫馆里，它们慢慢地走着，爬着，动作很笨。人们非常喜爱它们。

听说在野外生活的大熊猫，只有一千多只了！我们要好好儿保护它们！

九、写一写。
Write the characters.

永	丶	丁	永	永	永					
竹	丿	丿	竹	竹	竹	竹				
危	丿	丿	乆	产	危	危				
灵	乛	彐	彐	灵	灵	灵				
爬	丿	厂	爪	爪	爬	爬	爬			
胖	丿	月	月	月	胖	胖	胖	胖		
资	丶	冫	冫	次	次	次	次	资	资	资
笨	丿	丿	竹	笁	笁	笨	笨	笨	笨	笨
袋	丿	亻	代	代	代	代	袋	袋	袋	袋

19　聪(cōng)明的海豚(tún)

大卫：这本书里介绍(jièshào)了这么多海洋动物，真有意思！

约翰：大卫，你最喜欢哪种海洋动物？

大卫：我最喜欢海豚。海豚游得很快，还会表演节目。

约翰：我看过海豚表演。我最喜欢看海豚用鼻(bí)子顶球。

大卫：我喜欢看海豚在水里跳舞。

约翰：以前爸爸带我坐船(chuán)去海上玩，看到过很
　　　多海豚呢。

大卫：我在海上也看到过海豚。它们跟着我们的船，一
　　　会儿在前，一会儿在后，好像在和我们做游戏。

约翰：有些人在海里游泳，遇(yù)到危险，海豚会把
　　　人救起来。

大卫：海豚是人类(lèi)的好朋友啊！

约翰：有科学家说海豚也像人类一样有语言(yán)呢！

大卫：那太棒了！我真想和海豚说话！

约翰：现在还做不到。不过早晚有一天，我们会和海
　　　豚对话的。

We'll be able to talk with dolphins sooner or later.

不过早晚有一天，我们会和海豚对话的。

| 聪 | 豚 | 介 | 绍 | 鼻 | 船 | 遇 | 类 | 言 |

聪明	cōngmíng	clever; smart
海豚	hǎitún	dolphin
介绍	jièshào	introduce
游	yóu	swim
鼻子	bízi	nose
船	chuán	boat

遇	yù	meet
人类	rénlèi	human beings
科学家	kēxuéjiā	scientist
语言	yǔyán	language
早晚	zǎowǎn	sooner or later
对话	duìhuà	make a dialogue

练 习
Exercise

一、读一读，说说怎样记下面的字。
Read aloud and explain how to remember the characters.

聪　豚　船　绍

鼻　介　遇　类

二、比一比，填一填。
Compare and fill in the blanks.

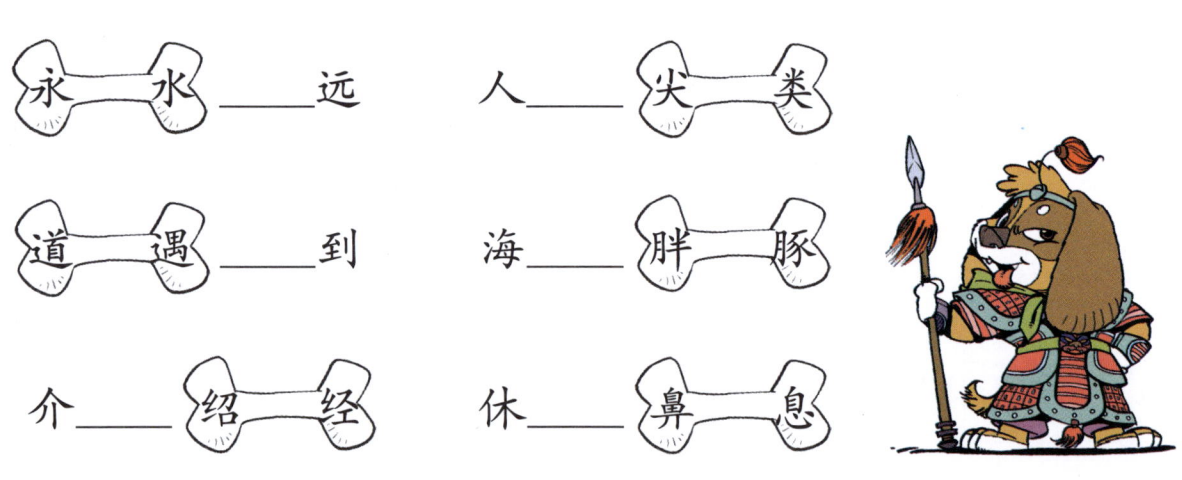

永　水　＿＿＿远　　　人＿＿＿尖　类

道　遇　＿＿＿到　　　海＿＿＿胖　豚

介＿＿＿绍　经　　　休＿＿＿鼻　息

三、读一读，记一记。
Read aloud and memorize.

介绍同学	介绍老师	介绍款式	介绍比赛
表示祝贺	表示关心	表示高兴	表示信任
遇到危险	遇到机会	遇到问题	遇到麻烦

四、读句子。
Read the sentences aloud.

　　1．他早晚会知道这件事。

　　2．不要着急，丢了的小狗早晚会回家的。

　　3．我早晚能学会下围棋。

　　4．这件游泳衣早晚会打折的。

五、听一听，想一想，哪张图是对的？
Listen and think. Which picture is right?

　　1. 约翰最喜欢什么？　（　　）

　　　　A　　　　　　　　　B　　　　　　　　　C

　　2. 人在海里遇到危险，海豚有时候会做什么？　（　　）

　　　　A　　　　　　　　　B　　　　　　　　　C

3. 大卫想做什么？　（　　）

A　　　　　　　B　　　　　　　C

六、画一画，说一说。
Draw and speak.

鼻子　　眼睛　　嘴(zuǐ)巴　　耳(ěr)朵

七、看一看，读一读。
Look at the pictures and read aloud.

两只小海豚，

长得圆滚(gǔn)滚(very fat)。

头上顶着花皮球，

玩得真开心！

两只小海豚，

长得圆滚滚。

摆(bǎi，sway)动身体跳跳舞，

玩得真开心！

两只小海豚，

长得圆滚滚。

跟着大船向前游，

玩得真开心！

八、读一读。
Read aloud.

  听说海豚是很聪明的海洋动物，它有很好的记忆力(jìyìlì，memory)，能学会许多很难的动作。海豚经过(jīngguò，process)训练(xùnliàn，training)，能表演许多节目。

  大卫喜欢看海豚用鼻子顶球；

  约翰喜欢看海豚在水里立起来，摆动身体跳舞；

  海伦喜欢看海豚钻(zuān，jump through)圈(quān，hoop)。

  聪明的海豚给大家带来很多快乐！

九、写一写。
Write the characters.

介	丿	人	介	介						
言	丶	亠	亠	言	言	言	言			
绍	乚	乡	纟	纠	纫	织	绍	绍		
类	丶	丷	丷	半	半	米	类	类	类	
船	丿	丿	月	丹	舟	舟	舡	舥	船	船
豚	丿	月	月	月	肝	肝	肟	豚	豚	豚
遇	丶	冂	曰	日	旦	禺	禺	禺	遇	遇
鼻	丿	冂	白	白	自	自	鼻	鼻	鼻	鼻
	鼻	鼻								
聪	一	厂	厂	耵	月	耳	耳	耵	耶	聊	聪	聪
	聪	聪	聪							

146

20 我家的兔子

　　我家有一只兔子，不是我养(yǎng)的，它是一只野兔。兔子一般(bān)是白色或(huò)灰(huī)色的，可是它是黑色的，所以它总是很得意的样子，可能觉[jué]得自己很珍贵(zhēnguì)吧。

　　春天，它来了，就住在我家的院(yuàn)子里。每天在草地上吃草，还吃光了我种的蔬菜，从来不付钱给我，也不说声"谢谢"。它吃饱(bǎo)了，就在草地上玩、睡觉。我喜欢追(zhuī)兔子，可它跑得很快，我追不上它。

冬天来了，兔子走了。我很想念它，春天它该回来了吧？

养	般	或	灰	珍	贵	院	饱	追

养	yǎng	breed; raise
一般	yìbān	generally
或	huò	or
灰色	huī	grey
得意	déyì	proud of oneself
觉得	juéde	feel
珍贵	zhēnguì	valuable
院子	yuànzi	courtyard
光	guāng	nothing
从来	cónglái	always
饱	bǎo	full
追	zhuī	chase

练 习
Exercise

一、读一读，比一比。
Read aloud and compare.

二、它们说的对不对？
Is what they say right?

三、选词填空。
Fill in the blanks.

 或    光    从来    觉得

1．约翰_____不躺着看书。

2．我们明天_____后天去看大熊猫。

3．小花猫_____饱了，高兴地喵喵叫。

4．他把桌子上的饮料都喝_____了。

四、读句子，说句子。
Read the sentences aloud and say more.

1．大熊猫的样子跟熊不一样。

我养的兔子的颜色跟那只兔子_____一样。

2．他爸爸又高又胖。

那只文具盒又_____又_____。

3．约翰早晚要回英国去的。

大卫早晚_____。

4．下大雨了，所以大家没有去野餐。

天黑了，所以_____。

五、根据课文判断正误。
Judge true or false according to the text.

1. 兔子是"我"养的。（　　　）

2. 兔子的颜色不是白色的，是黑色的。（　　　）

3. 春天兔子来"我"家，冬天就走了。（　　　）

4. 兔子只吃草，不吃蔬菜。（　　　）

5. 兔子走了，"我"很想念它。（　　　）

六、兔子喜欢吃什么？不喜欢吃什么？
What does the rabbit like to eat? What does it not like to eat?

七、唱一唱，演一演。
Sing and play.

小兔子乖(guāi, clever; good)乖，把门儿开开，妈妈回来了，妈妈要进来！

不开不开就不开，妈妈没回来，谁来也不开！

小兔子乖乖，把门儿开开，妈妈回来了，亲(qīn, dear)亲小乖乖！

就开就开我就开，妈妈回来了，我就把门开！

八、读一读。
Read aloud.

谢谢蔬菜。

兔子：这些蔬菜真好吃！

大卫：小黑兔，这是我种的蔬菜。

兔子：你种的蔬菜真好吃！

大卫：你把我种的蔬菜都吃光了，你是刷卡还是付现金？

兔子：我没有卡！

大卫：那就付现金吧！

兔子：我也没有现金！

大卫：那就说声"谢谢"吧！

兔子：谢谢蔬菜，你们真好吃！

九、写一写。
Write the characters.

灰	一	广	厃	厃	方	灰			
饱	丿	ㄅ	饣	钅	饣	鸟	饬	饱	
或	一	一	币	亘	亘	或	或	或	
贵	丶	宀	口	中	虫	串	贵	贵	贵
养	丶	丷	兰	兰	兰	关	养	养	
院	⻖	阝	阝	阝	阽	阽	院	陀	院
珍	一	二	王	王	珏	珍	珍	珍	
追	丿	⺈	户	户	台	自	迫	追	追
般	丿	⺁	几	舟	舟	舟	舮	船	般

21 环(huán)保购物袋

妈妈：小云，咱们去超市买点儿水果吧。

小云：好啊，妈妈，我很长时间没有吃西瓜了。

妈妈：这次我们一定买西瓜，然后再买些别的水果和蔬菜。

小云：那咱们快走吧。

妈妈：好，马上走，我拿一下购物袋。

小云：妈妈，超市里不是有塑(sù)料袋吗，还拿什么购物袋呀？

妈妈：那些塑料袋不环保。你看咱家的"环保"购物
袋怎么样？

小云：真漂亮，您从哪儿买的？

Where did you buy it?

妈妈：不是买的，是我自己做的。

小云：您可真行，妈妈，这是拿什么做的？

妈妈：我用旧(jiù)窗帘(chuānglián)缝(féng)的，又好看又
实用，还不会污染(wūrǎn)环境(jìng)。对不对？

小云：对！这个主意真不错！

您从哪儿买的？

环	塑	旧	窗	帘	缝	污	染	境

环保	huánbǎo	environmental protection
袋	dài	bag
塑料	sùliào	plastics
那些	nàxiē	those
旧	jiù	old
窗帘	chuānglián	curtain
缝	féng	seam
实用	shíyòng	practical
污染	wūrǎn	pollute
环境	huánjìng	environment

练 习
Exercise

一、听一听，涂一涂。
Listen and paint.

环 —— 汉   狗 —— 购   树 —— 塑

帘 —— 两   然 —— 染   近 —— 境

二、它们说的对不对？
Is what they say right?

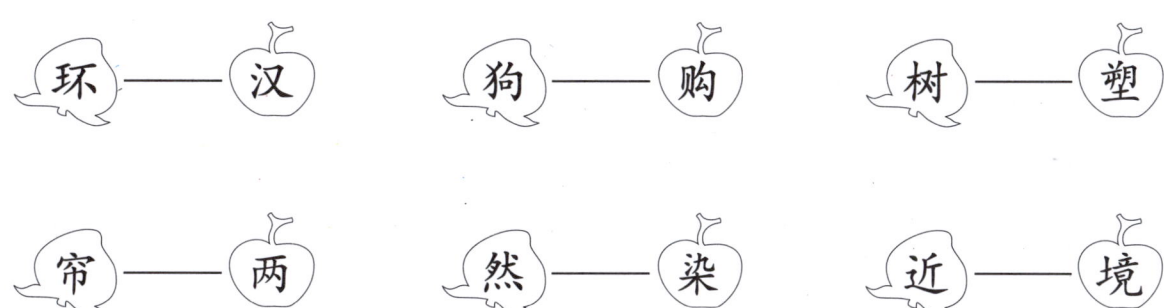

1. 塑，十三画，第四画是" ｜ "。（   ）

2. 窗，十二画，第十画是" ㇆ "。（   ）

3. 缝，十一画，最后一画是" ㇏ "。（   ）

4. 染，九画，第五画是" ㇟ "。（   ）

三、连一连，写一写。
Match and write.

窗　　染　　_____

实　　料　　_____

污　　些　　_____

环　　用　　_____

塑　　境　　_____

那　　帘　　_____

四、照例子，两人一组看图说话。
Describe the pictures in pairs according to the example.

例：A：大卫，你从哪儿买的

　　　　这些动画片？

　　B：我从那边的超市买的。

1. A：你从_____？

　　B：我从第一张桌子上拿的

　　　　冰淇淋。

2. A：＿＿＿从＿＿＿＿＿＿？

B：我从餐厅端(duān, hold)

的水。

3. A：＿＿＿＿＿＿＿＿＿？

B：我从书桌上找的这些

照片。

五、听一听，选一选。

Listen and choose the correct answer.

1. 我们应该用什么买东西？　（　　）

A　　　　　　B　　　　　　C

2. 小云家的购物袋是用什么做的？　（　　）

A　　　　　　B　　　　　　C

3. 小云和妈妈这次都买了些什么？ （   ）

A   B   C

六、小活动：说一说他们用什么装东西。你觉得怎么做比较(bǐjiào, better)环保。

Activity: Describe which bag they chose to use. What do you think is the best way to protect the environment?

A   B   C

七、读儿歌，演一演。
Read the nursery rhyme and play.

小鹿小兔，超市购物，

蔬菜水果，品种(pǐnzhǒng, variety)丰富(fēngfù, plenty)。

这边逛逛，那边瞧瞧，

好吃好吃，快把钱付。

一二三四，左数[shǔ, count]右数，

不多不少，差(chà, be short of)一块五。

急坏小兔，忙坏小鹿，

快快回家，不要耽误(dānwù, delay)。

八、读一读。
Read aloud.

今天，我和妈妈去超市买了一些水果和蔬菜。付完钱，我们把买的东西放进了妈妈缝的购物袋。真没想到，自己做的购物袋能放这么多东西，真是又好看又实用又环保。回家以后，我也要跟妈妈学着做一个。我还要把这个主意告诉老师和海伦、大卫他们，这样，我们在手工课上也可以学着做购物袋了。

九、写一写。
Write the characters.

旧	丨	刂	冂	旧	旧						
污	丶	冫	氵	汻	汻	污					
帘	丶	八	宀	宀	宀	宀	帘	帘			
环	一	二	王	王	环	环	环	环			
染	丶	氵	氵	汈	染	染	染	染			
窗	丶	八	宀	宀	窗	窗	窗	窗	窗	窗	窗
塑	丶	屮	屮	苎	苹	塑	塑	塑	塑	塑	塑
缝	乚	乆	纟	纟	纟	终	终	终	缝	缝	缝
境	一	十	土	圹	圹	圹	圹	垃	垃	培	培	培	境
	境										

22 新型(xíng)汽车

小云：爸爸、妈妈，快看，对面的那辆(liàng)车真漂亮！我们过去看看吧。

妈妈：样子是很好看，不过跟普通汽车没什么太大差(chā)别。

爸爸：那可不一样，这是一种新型汽车。

小云：新型汽车？它"新"在哪儿呢，爸爸？

爸爸：这种车用的是新型燃(rán)料，对环境的污染小。

小云：您这么一说，我想起来了。这种车我在电视里

见过一次，好像主要是用来试验(shìyàn)的吧。

I saw this kind of car on television once.

爸爸：现在这种车已经很成熟(shú)了。

小云：是吗？能不能买？

妈妈：小云，你看，肯定能买，这儿写着价(jià)钱呢。

小云：真不错，什么时候我们能买一辆就好了。

妈妈：是啊，开新型汽车的感觉(gǎnjué)一定很棒！

这种车我在电视里见过一次。

型	辆	差	燃	试	验	熟	价	感

新型	xīnxíng	new style
对面	duìmiàn	opposite
辆	liàng	(a measure word for vehicles)
差别	chābié	difference
燃料	ránliào	fuel
主要	zhǔyào	main
试验	shìyàn	experiment
成熟	chéngshú	ripen
价钱	jiàqián	price
感觉	gǎnjué	feeling

练 习
Exercise

一、照样子，填一填。
Fill in the blanks according to the examples.

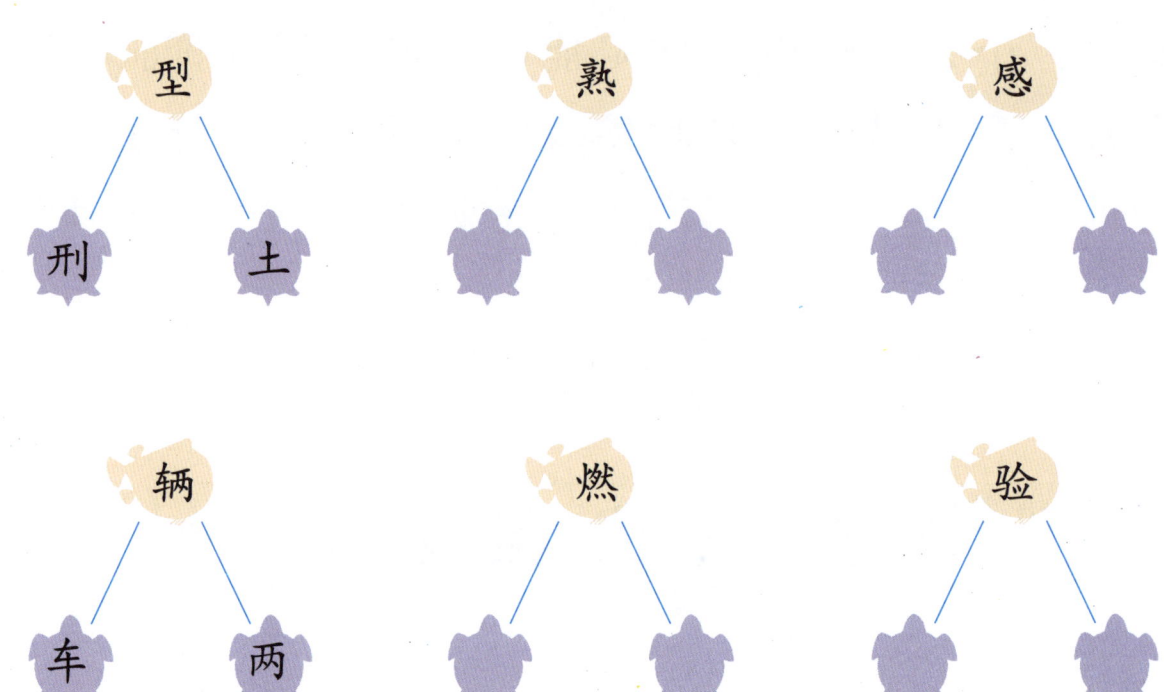

二、听一听，选一选。
Listen and choose.

1. A. 特别——B. 差别　　　　（　　）

2. A. 新型——B. 星星　　　　（　　）

3. A. 主要——B. 重要　　　　（　　）

4. A. 燃料——B. 颜料　　　　（　　）

三、读一读，记一记。
Read aloud and memorize.

主要差别	主要比赛	主要款式
新型汽车	新型燃料	新型电视

差别很大	差别不大	没有差别
感觉很棒	感觉一般	没有感觉

四、读句子，写句子。
Read aloud and complete the sentences.

1. 我去过三次中国。

2. 这种茶我在小云家喝过两次。

3. 这辆车我在电视里＿＿＿＿＿＿＿＿。

4. ＿＿＿＿＿我在图书馆＿＿＿＿＿＿＿＿。

五、根据课文判断对错。
Judge true or false according to the text.

1. 新型汽车的样子跟普通汽车差别很大。（　　　）

2. 新型汽车用的是新型燃料。（　　　）

3. 小云在电视里见过新型汽车。（　　　）

4. 现在还不能买新型汽车。（　　　）

六、小活动：把你家的车讲给同学们听，然后把它画出来。
Activity: Describe your family's car to your classmates and then draw it.

七、读儿歌。
Read the nursery rhyme.

我有一辆小汽车，真呀真漂亮，

小猫小狗坐车上，一起把歌唱，

喵喵喵，汪汪汪，歌声多悠扬(yōuyáng, melodious)。

爸爸有辆小汽车，真啊真漂亮，

我和妈妈坐车上，心里真舒畅(shūchàng, comfortable)，

嘀嘀嘀，答答答，一起向远方。

八、读一读。
Read aloud.

今天，小云和爸爸、妈妈一起去了卖车的地方。那里有各种各样的汽车，有很多是今年流行的款式。在那里他们还看到了一种新型汽车。这种车，小云以前在电视里见过一次，原来觉得它可能主要是用来试验的。实际(shíjì)上(in fact, practically)，它已经很成熟了，它的样子和普通汽车没太大差别，不过用的是新型燃料，所以很环保。

九、写一写。
Write the characters.

价	丿	亻	亻	价	价	价						
试	丶	讠	计	讠	讠	讠	试	试				
型	一	二	于	开	刑	刑	型	型	型			
差	丶	丷	一	兰	兰	羊	差	差	差			
验	乛	马	马	驴	验	验	验	验	验			
辆	一	十	车	车	车	斩	斩	辆	辆	辆		
感	一	厂	厂	斤	后	咸	咸	咸	咸	感	感	感
熟	丶	二	六	亩	亩	亨	亨	享	孰	孰	孰	孰
	熟	熟										
燃	丶	丶	火	火	炒	炒	炒	炒	炒	燃	燃	燃	燃
	燃	燃	燃									

167

23　用水的学问

小云：妈妈，您怎么不用洗(xǐ)衣机洗衣服？自己洗
　　　多费(fèi)事呀。

妈妈：一件衣服不值(zhí)得用洗衣机。

小云：为什么？洗衣机不就是用来洗衣服的吗？

妈妈：你说的没错，用洗衣机是方便[biàn]，可是比
　　　用手洗费水。衣服少的时
　　　候，就更应该用手洗
　　　了，这样才不浪费。

小云：我懂(dǒng)了。

妈妈：小云，你帮我把鱼缸(gāng)里的水换一换吧。

小云：好，长时间不换水，鱼会死的。

妈妈：谢谢你，小云，不过你先不要把缸里的水倒[dào]了。

小云：不把原来的水倒了？

妈妈：你先去把桌子上的花端(duān)过来，用鱼缸里的水浇(jiāo)花，剩下的水再倒了。

小云：妈妈，鱼缸里的水能浇花吗？

妈妈：能，这样能让(ràng)花长得更好。

The flower grows better this way.

这样能让花长得更好。

| 洗 | 费 | 值 | 懂 | 缸 | 端 | 浇 | 让 |

学问	xuéwèn	knowledge
洗衣机	xǐyījī	washing machine
费事	fèishì	take a lot of effort
值得	zhíde	deserve
浪费	làngfèi	waste
懂	dǒng	understand

缸	gāng	jar
倒	dào	pour (water)
端	duān	hold
浇	jiāo	water
让	ràng	make; let

练 习
Exercise

一、比一比，想一想。
Compare and think.

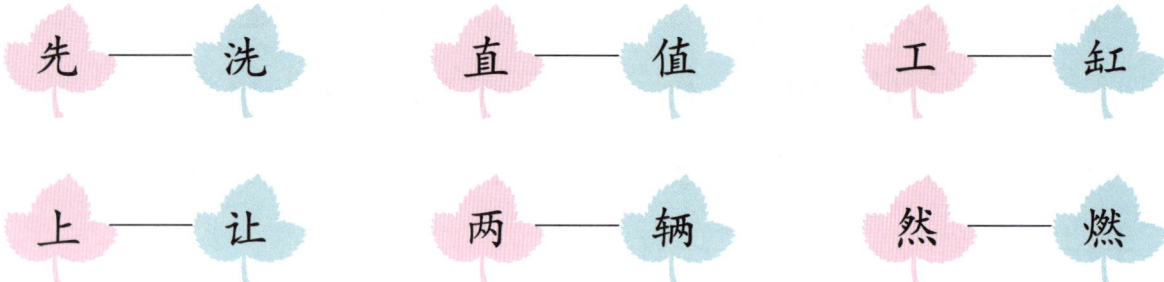

先 —— 洗　　直 —— 值　　工 —— 缸

上 —— 让　　两 —— 辆　　然 —— 燃

I see. The characters on the left are part of those on the right.

二、读一读，想一想。
Read aloud and think.

倒水	dàoshuǐ
摔倒	shuāidǎo

感觉	gǎnjué
睡觉	shuìjiào

便宜	piányi
方便	fāngbiàn

I see. The dotted characters have two different pronunciations.

三、连一连，读一读。
　　Match and read aloud.

缝	鱼缸
端	小兔
养	衣服

污染	信任
浪费	燃料
值得	环境

四、读句子，说句子。
　　Read the sentences aloud and say more.

1. 这件事让小云很不舒服。

2. 那些书让大卫很开心。

3. 新型燃料能让车＿＿＿＿＿＿＿。

4. 这样做让我们觉得＿＿＿＿＿＿。

5. 这张照片让＿＿＿＿＿＿＿＿＿。

五、听一听，选一选。
　　Listen and choose the correct answer.

1. 为什么应该多用手洗衣服？（　　）

　　A. 因为用手洗衣服比用洗衣机洗多费水。

　　B. 因为用洗衣机洗衣服比用手洗多费水。

　　C. 因为用洗衣机洗衣服跟用手洗一样费水。

2. 水很珍贵，我们应该怎么办？（　　）

    A. 水很珍贵，不懂就学。

    B. 水很珍贵，不懂就问。

    C. 水很珍贵，不要浪费。

3. 妈妈的话的主要意思是什么？（　　）

    A. 鱼缸里的水不能浇花。

    B. 用鱼缸里的水浇花，花会生病。

    C. 用鱼缸里的水浇花能让花长得更好。

六、小活动：说说你的节水小窍(qiào)门。
Activity: Talk about how you save water.

七、猜一猜。
Guess.

好喝没滋(zī)味(taste)，脏(zāng, dirty)了不能洗。

落(luò, drop)到地面上，再也拿不起。

八、读一读。
Read aloud.

    对我们人类来说，水非常珍贵。如果没有水，我们就不能生活(shēnghuó, live)，所以，我们要好好儿爱惜

(àixī, cherish)水，不要浪费。可是，在生活中，浪费水、不节约(jiéyuē, economize)用水的事到处都有。有些人用完水，从来不关水龙头(shuǐlóngtóu, water tap)，让水流来流去。有些餐厅洗蔬菜、水果的时候，拿水管(shuǐguǎn, water pipe)哗(huā)哗地冲(chōng, rush)，从来不想一想这样做对不对、行不行。要是没有了水，还会有我们吗？

九、写一写。
Write the characters.

让	丶	讠	让	让	让				
洗	丶	冫	氵	汁	汼	汼	洗	洗	
浇	丶	冫	氵	汴	浅	浅	浇	浇	
缸	丿	广	上	缶	缶	缸	缸	缸	
费	一	一	弓	弗	弗	弗	费	费	
值	丿	亻	仁	什	什	估	佰	值	值
端	丶	二	立	立	立	亣	亣	亣	亣
	亣	端	端	端					
懂	丶	丷	忄	忄	忄	忄	忄	忄	惜
	惜	惜	懂	懂	懂				

173

24 地球的话

　　以前，我天天过得很快乐。小河里流着清清的水，蓝天上飘(piāo)着白白的云，成群的牛羊在绿绿的草原上奔(bēn)跑，大片大片的森林让我全身舒畅(chàng)。那时，我很少生病(bìng)，水星、金星、火星、木(mù)星和土星都很羡慕(xiànmù)我。

　　可是现在，河里的水越来越脏(zāng)，成片的森林越来越少，我身上的许多地方也变(biàn)得越来越不舒服。最近，我常常头疼、发烧(shāo)。我也不知道自己是怎么了，我想我得好好儿去看看太空医生了。

飘	奔	畅	病	羡	慕	脏	变	烧

地球	dìqiú	Earth
话	huà	words
飘	piāo	float
草原	cǎoyuán	plain
奔跑	bēnpǎo	run
舒畅	shūchàng	comfortable
生病	shēngbìng	fall ill
羡慕	xiànmù	admire
脏	zāng	dirty
变	biàn	change
发烧	fāshāo	have a fever
太空	tàikōng	outer space

金星
Venus

木星
Jupiter

水星
Mercury

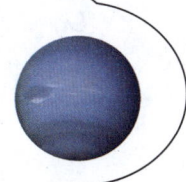

海王星
Neptune

土星
Saturn

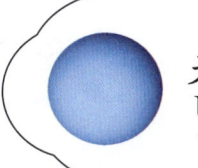

火星
Mars

天王星
Uranus

地球
Earth

练习
Exercise

一、比一比，读一读。
Compare and read aloud.

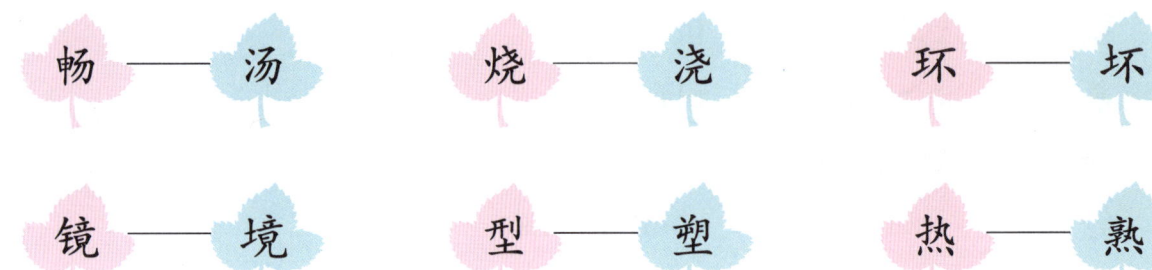

畅 —— 汤　　烧 —— 浇　　环 —— 坏

镜 —— 境　　型 —— 塑　　热 —— 熟

二、找一找，抄一抄。
Find and copy.

氵：＿＿＿＿＿＿＿＿　　亻：＿＿＿＿＿＿＿＿

火：＿＿＿＿＿＿＿＿　　宀：＿＿＿＿＿＿＿＿

三、选词填空。
Fill in the blanks.

变　　　　飘　　　　羡慕　　　　脏

1. 快看，从楼上＿＿＿下来一些纸。

2. 丹尼的网球打得很棒，大家都非常＿＿＿他。

3. 妈妈的话让小云＿＿＿了很多。

4. 那个商店很＿＿＿，我从不去那里买东西。

四、排一排，读一读。
Arrange and read aloud.

1. A 很　　B 羡慕　　C 我们　　D 都　　E 他

2. A 让　　B 我变得　　C 担心了　　D 妈妈　　E 越来越

3. A 我　B 好好儿　C 得　D 去　E 看　F 太空医生了

4. A 让　B 心里　C 同学们　D 很　E 舒畅　F 老师的话

五、听一听，选一选。
Listen and choose.

1. 谁的贴画做得最棒？ （　　）

    A. 大卫　　　B. 小云　　　C. 海伦

2. 谁不是太阳的"儿子"？ （　　）

    A. 地球　　　B. 土星　　　C. 月亮

3. 白老师的话让人感觉怎么样？ （　　）

    A. 很不舒服　　B. 很舒畅　　C. 不会说话

六、小活动：几个同学一起组织环保小组，请同学们爱护树木 (shùmù, forest)、爱惜(àixī, cherish)纸张。

Activity: Organize an environmental protection group with a few of your classmates and encourage your other classmates to protect trees and cherish paper.

七、读儿歌。
Read the nursery rhyme.

我们的家园(jiāyuán, native place)

天上云儿慢慢流，

水中鱼儿慢慢游。

树上鸟儿轻轻唱，

牛羊群群多自由(zìyóu, free)。

地球就是我们的家，

我们是她的好娃娃。

同一个地球同一个家，

人人都要来爱护她。

八、读一读，演一演。
Read aloud and play.

医生：地球，你又怎么了？哪儿不舒服？

地球：医生，我最近经常头疼，全身不舒服，我也不知道自己是怎么了。

医生：好,别着急,我先给你量一量体温(tǐwēn, temperature)。

地球：体温不会很高吧?

医生：你的体温还真不低，你又发烧了。以前你可是一直很健康啊!

地球：对，以前我的身体是很好。可现在到处是脏水和被污染的空气，这样下去，你说我能好得了吗?

医生：那你可得注意了，要不然病会越来越厉害。

地球：我自己已经很注意了，可是人类能听我的话吗?我也是没办法啊……

九、写一写。
Write the characters.

奔	一	大	大	本	本	本	奔	奔	
畅	丶	口	日	日	申	畅	畅	畅	
变	丶	亠	亠	亦	亦	亦	变	变	
烧	丶	ソ	少	火	火	炸	烧	烧	炉	烧
病	丶	亠	广	广	广	疒	疒	病	病	病
脏	丿	刀	月	月	月	肛	胪	胪	脏	脏
羡	丶	丷	丷	羊	羊	羊	羊	美		
	羑	羡								
慕	一	艹	艹	艹	苎	苎	苜	莫	莫	莫
	慕	慕	慕	慕						
飘	一	一	币	币	西	西	西	覀	票	票
	票	票	飘	飘	飘					

中国的自行车

在中国，自行车是最常见的交通工具。几乎每个家庭都有自行车。城市里，每天早上都能看到很多人骑着自行车去上班。马路上画有专用的自行车道，小汽车、出租车等都不允许随便进出自行车道。现在，除了普通的自行车以外，还有电动自行车，用起来更方便了。

自行车	bicycle
交通	traffic
工具	tool
几乎	almost
城市	city
骑	ride

上班	go to work
马路	road
画	draw
专用	for a special purpose
允许	permit
电动	dynamic

综 合 练 习 二
Comprehensive Exercise II

一、比一比，组词语。

Compare and make words or phrases with the characters.

先（　　　） 介（　　　） 浇（　　　）

洗（　　　） 价（　　　） 烧（　　　）

畅（　　　） 塑（　　　） 费（　　　）

场（　　　） 型（　　　） 责（　　　）

二、照例子，想一想，写一写。

Think and write characters according to the example.

工：缸　差　虹 ＿＿＿＿＿＿＿＿＿＿＿＿＿＿＿

木：＿＿＿＿＿＿＿＿＿＿＿＿＿＿＿＿＿＿＿＿＿

纟：＿＿＿＿＿＿＿＿＿＿＿＿＿＿＿＿＿＿＿＿＿

辶：＿＿＿＿＿＿＿＿＿＿＿＿＿＿＿＿＿＿＿＿＿

三、写一写。
Write the characters.

厉									
网									
淘									
所									
追									
羡									

四、读一读，记一记。
Read aloud and memorize.

预定场地

浪费燃料

购买窗帘

羡慕别人

介绍同学

珍贵的机会

聪明的老师

关键的试验

实用的资料

开朗的性格

五、读一读，画一画。
Read aloud and draw pictures.

1. 脑袋　耳朵　鼻子

2. 院子　竹子　窗帘

3. 地球　海洋　草原

4. 鱼缸　洗衣机　购物袋

六、想一想，说一说。
Think and say more.

好——坏　　　领先——落后

饿——饱　　　节省——浪费

笨——灵活/聪明　　方便——费事

The pairs of words are antonyms.

七、选词填空。
Fill in the blanks.

1. 海豚的样子真让人＿＿＿＿（喜爱　可爱）。

2. 我和大卫＿＿＿＿（约定　预定）明天一起去看网球比赛。

3. 汤姆＿＿＿＿（一直　简直）给我们一种很成熟的感觉。

4. 这几天，我的肚子一直不＿＿＿＿（舒服　舒畅），我得去看医生了。

5. 这种试验＿＿＿＿（值得　觉得）去做，我们都要信任他。

八、排一排，读一读。
Arrange and read aloud.

1. A 人类　B 一样　C 聪明　D 跟　E 海豚

2. A 从来　B 让人舒畅的　C 他　D 不说　E 话

3. A 长　B 得　C 又可爱又淘气　D 大熊猫

4．A 早晚　B 买　C 能　D 一辆新型汽车　E 我们家

5．A 灰色的野兔　B 从院子里　C 跑出去了　D 一只

九、猜一猜。

Guess.

说它像球不是球，它的上面啥(shá, what)都有。

动物植物和人类，全都生活在上头。

草原森林到处见，江河湖(hú, lake)水向海流。

天天围着太阳转，你说它是什么球。

（作者邢淑霞，有修改）

十、读一读，填一填。

Read aloud and complete the sentences.

地球跟水星、金星、木星、火星、土星_____，都是太阳的"儿子"(érzi, son)，它们和太阳一起组成(zǔchéng, compose)了一个家。每天_____，太阳送来阳光，阳光照亮了大地(dàdì, the earth)，植物、动物和人类快乐地长大。太阳给了我们各种各样的食物，给了我们健康，所以说，我们也是太阳的"儿子"。

十一、看图说话：我们的地球。
Look at the pictures and talk about the topic "Our Earth" .

1. _____

2. _____

3. _____

4. _____

矮	ǎi	13
百	bǎi	11
般	bān	20
帮	bāng	2
棒	bàng	14
饱	bǎo	20
抱	bào	5
杯	bēi	9
被	bèi	15
奔	bēn	24
笨	bèn	18
鼻	bí	19
必	bì	2
变	biàn	24
并	bìng	13
病	bìng	24
布	bù	3
彩	cǎi	9
菜	cài	4
餐	cān	4

叉	chā	6
茶	chá	9
察	chá	5
差	chà	22
尝	cháng	6
场	chǎng	14
畅	chàng	24
船	chuán	19
窗	chuāng	21
聪	cōng	19
袋	dài	18
担	dān	2
懂	dǒng	23
端	duān	23
饿	è	17
房	fáng	7
费	fèi	23
粉	fěn	10
缝	féng	21
付	fù	10

负	fù	16
感	gǎn	22
缸	gāng	23
格	gé	16
更	gèng	4
共	gòng	10
购	gòu	12
观	guān	1
馆	guǎn	1
逛	guàng	12
贵	guì	20
害	hài	13
盒	hé	10
虹	hóng	9
坏	huài	10
环	huán	21
换	huàn	9
灰	huī	20
活	huó	5
或	huò	20
击	jī	12
及	jí	5

夹	jiā	8
价	jià	22
架	jià	17
间	jiān	3
剪	jiǎn	3
简	jiǎn	16
健	jiàn	17
键	jiàn	15
箭	jiàn	15
交	jiāo	2
浇	jiāo	23
饺	jiǎo	8
姐	jiě	1
介	jiè	19
金	jīn	10
精	jīng	14
境	jìng	21
旧	jiù	21
救	jiù	14
具	jù	10
聚	jù	1
绝	jué	17

卡	kǎ	10
康	kāng	17
烤	kǎo	6
块	kuài	11
筷	kuài	8
款	kuǎn	10
篮	lán	15
朗	lǎng	16
泪	lèi	8
类	lèi	19
厉	lì	13
立	lì	17
俩	liǎ	7
帘	lián	21
联	lián	7
辆	liàng	22
聊	liáo	4
列	liè	13
临	lín	11
灵	líng	18
零	líng	13
领	lǐng	15

落	luō	15
码	mǎ	7
慕	mù	24
拿	ná	1
奶	nǎi	4
难	nán	2
捏	niē	8
爬	pá	18
胖	pàng	18
皮	pí	8
便	pián	11
飘	piāo	24
平	píng	3
钱	qián	11
燃	rán	22
染	rǎn	21
让	ràng	23
任	rèn	17
如	rú	13
入	rù	12
赛	sài	13
扫	sǎo	7

傻	shǎ	16	踢	tī	16
商	shāng	12	甜	tián	9
烧	shāo	24	贴	tiē	3
勺	sháo	6	厅	tīng	4
绍	shào	19	挺	tǐng	14
省	shěng	12	图	tú	1
剩	shèng	13	豚	tún	19
食	shí	4	网	wǎng	12
始	shǐ	1	危	wēi	18
示	shì	17	味	wèi	9
式	shì	11	污	wū	21
试	shì	22	希	xī	5
输	shū	12	洗	xǐ	23
蔬	shū	4	先	xiān	3
熟	shú	22	鲜	xiān	6
鼠	shǔ	4	险	xiǎn	14
松	sōng	4	馅	xiàn	8
塑	sù	21	羡	xiàn	24
所	suǒ	17	香	xiāng	6
汰	tài	15	形	xíng	3
汤	tāng	6	型	xíng	22
淘	táo	15	姓	xìng	1

性	xìng	16
修	xiū	2
需	xū	7
选	xuǎn	2
压	yā	3
言	yán	19
验	yàn	22
养	yǎng	20
邀	yāo	8
野	yě	5
宜	yí	11
义	yì	7
银	yín	12
饮	yǐn	9
迎	yíng	1
拥	yōng	5
永	yǒng	18
泳	yǒng	2
油	yóu	15
预	yù	14
遇	yù	19

元	yuán	10
院	yuàn	20
约	yuē	16
脏	zāng	24
责	zé	16
折	zhé	11
珍	zhēn	20
汁	zhī	6
值	zhí	23
植	zhí	5
址	zhǐ	12
纸	zhǐ	3
竹	zhú	18
主	zhǔ	2
煮	zhǔ	8
助	zhù	7
追	zhuī	20
桌	zhuō	4
资	zī	18
总	zǒng	9

（共213个）

矮	ǎi	short	13
安排	ānpái	arrange	7
帮	bāng	help	2
帮助	bāngzhù	help	7
棒	bàng	good	14
包	bāo	wrap	8
包子	bāozi	steamed stuffed bun	6
饱	bǎo	full	20
杯	bēi	cup	9
被	bèi		15
奔跑	bēnpǎo	run	24
笨	bèn	clumsy	18
鼻子	bízi	nose	19
比分	bǐfēn	score	15
比赛	bǐsài	competition	13
必修课	bìxiūkè	compulsory subject	2
变	biàn	change	24
表示	biǎoshì	mean	17
别	bié	other	9

别人	biérén	others	7
冰淇淋	bīngqílín	ice cream	1
并列	bìngliè	stand side by side	13
不过	búguò	but	2
彩色	cǎisè	color	18
参观	cānguān	visit	1
餐厅	cāntīng	dining room	4
草原	cǎoyuán	plain	24
叉子	chāzi	fork	6
差别	chābié	difference	22
尝	cháng	taste	6
场地	chǎngdì	court	14
成熟	chéngshú	ripen	22
成为	chéngwéi	become	16
出来	chūlái	take out	16
船	chuán	boat	19
窗帘	chuānglián	curtain	21
从来	cónglái	always	20
聪明	cōngmíng	clever; smart	19
打架	dǎjià	fight	17
打扫	dǎsǎo	clean	7
打折	dǎzhé	give discounts	11

大熊猫	dàxióngmāo	panda	18
袋	dài	bag	21
担心	dānxīn	worry	2
倒	dào	pour (water)	23
得意	déyì	proud of oneself	20
地球	dìqiú	Earth	24
地址	dìzhǐ	address	12
点击	diǎnjī	click	12
懂	dǒng	understand	23
肚皮	dūpí	belly	17
端	duān	hold	23
对话	duìhuà	make a dialogue	19
对面	duìmiàn	opposite	22
饿	è	hungry	17
发	fā	serve	14
发烧	fāshāo	have a fever	24
方便	fāngbiàn	convenient	12
房间	fángjiān	room	7
费事	fèishì	take a lot of effort	23
粉	fěn	pink	10
缝	féng	seam	21
福利院	fúlìyuàn	welfare house	7

付	fù	pay	10
负责	fùzé	be in charge	16
干	gān	dry	3
感觉	gǎnjué	feeling	22
缸	gāng	jar	23
高度	gāodù	height	13
更	gèng	even more	4
购	gòu	purchase; buy	12
购买	gòumǎi	purchase; buy	12
关键	guānjiàn	important	15
关心	guānxīn	care for; take care of	7
观察	guānchá	observe	5
光	guāng	nothing	20
光临	guānglín	presence	11
逛	guàng	stroll; ramble	12
海豚	hǎitún	dolphin	19
好几	hǎojǐ	several	9
号	hào	size	11
号码	hàomǎ	number	7
黑白	hēibái	black and white	18
花布	huābù	cotton print	3
花样	huāyàng	variety	4

话	huà	words	24
坏	huài	broken; not work	10
环保	huánbǎo	environmental protection	21
环境	huánjìng	environment	21
换	huàn	change	9
灰色	huīsè	grey	20
活动	huódòng	activity	5
火箭	huǒjiàn	Rockets	15
或	huō	or	20
机会	jīhuì	chance	14
季后赛	jìhōusài	post season	15
加油	jiāyóu	cheer up	15
夹	jiā	clip	8
价钱	jiàqián	price	22
剪	jiǎn	cut	3
简直	jiǎnzhí	really	16
健康	jiànkāng	healthy	17
交	jiāo	hand in	2
浇	jiāo	water	23
饺子	jiǎozi	dumpling	8
节省	jiéshěng	economize; save	12
姐姐	jiějie	elder sister	1

介绍	jièshào	introduce	19
今年	jīnnián	this year	11
精彩	jīngcǎi	wonderful	14
旧	jiù	old	21
救	jiù	save	14
聚会	jùhuì	party	1
绝对	juéduì	absolutely	17
觉得	juéde	feel	20
开朗	kāilǎng	out-going; open	16
烤	kǎo	roast	6
科学家	kēxuéjiā	scientist	19
可能	kěnéng	possible	13
可是	kěshì	but	10
口味	kǒuwèi	taste	9
块	kuài	*kuai*	
		(informal expression for *yuan*)	11
筷子	kuàizi	chopsticks	8
款	kuǎn	a sum of money; funds	10
款式	kuǎnshì	design; style	11
来得及	láidejí	have time; be in time	5
浪费	làngfèi	waste	23
里面	lǐmiàn	inside	9

厉害	lìhai	great; brilliant	13
立	lì	erect	17
俩	liǎ	two	7
联系	liánxì	contact	7
辆	liàng	(a measure word for vehicles)	22
聊	liáo	chat	4
灵活	línghuó	agile	18
零	líng	zero	13
领先	lǐngxiān	keep ahead	15
流行	liúxíng	fashionable	11
绿茶	lǜchá	green tea	9
落后	luòhòu	fall behind	15
门	mén	(a measure word)	2
拿	ná	take; hold	1
那些	nàxiē	those	21
那样	nàyàng	in that way	12
难	nán	difficult	2
脑袋	nǎodai	head	18
捏	niē	pinch (with fingers)	8
便宜	piányi	cheap	11
爬	pá	crawl	18
胖	pàng	fat	18

皮	pí	wrapper	8
飘	piāo	float	24
平	píng	flat	3
平时	píngshí	usually	14
起跳	qǐtiào	jump	13
钱	qián	money	11
球拍	qiúpāi	racket	14
球衣	qiúyī	dress	15
然后	ránhòu	then	4
燃料	ránliào	fuel	22
让	ràng	make; let	23
人类	rénlèi	human beings	19
如果	rúguǒ	if	13
傻眼	shǎyǎn	amazed	16
商店	shāngdiàn	shop	12
上	shàng	last	5
勺子	sháozi	spoon	6
生病	shēngbìng	fall ill	24
剩	shèng	left	13
实用	shíyòng	practical	21
食物	shíwù	food	6
试验	shìyàn	experiment	22

收	shōu	receive	11
舒畅	shūchàng	comfortable	24
输	shū	lose	15
输入	shūrù	input	12
蔬菜	shūcài	vegetable	4
树林	shùlín	forest	5
刷卡	shuākǎ	swipe card	10
说话	shuōhuà	say; speak; talk	17
塑料	sùliào	plastics	21
所以	suǒyǐ	so	17
太	tài	very; too	1
太空	tàikōng	outer space	24
汤	tāng	soup	6
淘汰	táotài	eliminate	15
踢	tī	play	16
体育馆	tǐyùguǎn	gym	1
甜	tián	sweet	9
跳高	tiàogāo	high jump	13
贴	tiē	paste	3
贴画	tiēhuà	collage	3
挺	tǐng	quite a lot	14
图书馆	túshūguǎn	library	1

图形	túxíng	graph; figure	3
网	wǎng	Internet	12
网球	wǎngqiú	tennis	14
危险	wēixiǎn	danger	18
文具	wénjù	stationery	10
文具盒	wénjùhé	writing case	10
污染	wūrǎn	pollute	21
午餐	wǔcān	lunch	4
希望	xīwàng	hope	5
洗衣机	xǐyījī	washing machine	23
喜爱	xǐ'ài	like	16
下	xià	next	9
先	xiān	firstly	3
鲜	xiān	fresh	6
险	xiǎn	dangerous	14
现金	xiànjīn	cash	10
现在	xiànzài	now	6
馅儿	xiànr	stuffing	8
羡慕	xiànmù	admire	24
香	xiāng	delicious	6
小学	xiǎoxué	elementary school	1
校园	xiàoyuán	campus	1

新型	xīnxíng	new style	22
信任	xìnrèn	trust	17
姓	xìng	surname; family name	1
性格	xìnggé	personality	16
选	xuǎn	select	2
选修课	xuǎnxiūkè	optional subject	2
学问	xuéwèn	knowledge	23
压	yā	press	3
眼泪	yǎnlèi	tears	8
演讲	yǎnjiǎng	lecture	2
养	yǎng	breed; raise	20
样子	yàngzi	pattern	8
邀请	yāoqǐng	invite	8
要不然	yàobùrán	otherwise	17
野餐	yěcān	picnic	6
野兔	yětù	hare	5
一共	yígòng	in all	10
一般	yìbān	generally	20
一些	yìxiē	some	3
义工	yìgōng	volunteer	7
意义	yìyì	meaning	7
银行卡	yínhángkǎ	debit card	12

饮料	yǐnliào	beverage	9
拥抱	yōngbào	hug; embrace	5
永远	yǒngyuǎn	forever	18
游	yóu	swim	19
游泳	yóuyǒng	swim	2
游泳衣	yóuyǒngyī	bathing suit	11
于是	yúshì	so	16
语言	yǔyán	language	19
预定	yūdìng	book	14
遇	yù	meet	19
元	yuán	*yuan* (China's monetary unit)	10
院子	yuànzi	courtyard	20
约	yuē	make an appointment	16
约定	yuēdìng	make an appointment	16
脏	zāng	dirty	24
早晚	zǎowǎn	sooner or later	19
找	zhǎo	give change	11
照	zhāo	according to	3
照	zhāo	take	18
这么	zhème	so	9
珍贵	zhēnguì	valuable	20

值得	zhíde	deserve	23
植物	zhíwù	plant	5
纸	zhǐ	paper	3
种子	zhǒngzi	seed	5
竹子	zhúzi	bamboo	18
主场	zhǔchǎng	home field; host	15
主食	zhǔshí	grain-based filler	4
主要	zhǔyào	main	22
主意	zhǔyi	idea	2
煮	zhǔ	boil	8
追	zhuī	chase	20
桌子	zhuōzi	table	4
资料	zīliào	material	18
总	zǒng	usually	9
走路	zǒulù	walk	17
做客	zuòkè	be a guest	8

（共275个）

1	我可以吃冰淇淋了吗？
2	我想选演讲课，还想选中文课，不过写汉字有点儿难。
3	这两条小鱼像真的一样，真好看。
5	老师要我们寻找不同的植物。
6	你们尝尝我妈妈做的包子。
7	他们玩得非常开心。
9	这种冰淇淋卖完了。
10	这个文具盒怎么样？
11	找您二十二块钱。
13	汤姆跳过去了。
14	你把球拍带来。
15	如果火箭队再输了，就被湖人队淘汰了。
17	你是我的好朋友啊，所以它也非常信任你。
18	大熊猫的动作又慢又笨。
19	不过早晚有一天，我们会和海豚对话的。
21	您从哪儿买的？
22	这种车我在电视里见过一次。
23	这样能让花长得更好。